キャリア教育のウソ

児美川孝一郎 Komikawa Koichiro

★——ちくまプリマー新書

197

目次 * Contents

プロローグ　それぞれの卒業後

大学の教員になって、かれこれ一八年になる。最初の年度からゼミを担当していたので、着任の翌年からゼミの卒業生を社会に送り出すことになった。年によっても違うが、毎年一〇名ほどはいたから、合わせると一八〇名程度にはなるだろうか。

この一八〇名の若者は、青年期教育やキャリア教育を専門にしている僕にとっては、いわば格好の、生きた「研究対象」である。――などと言ってしまうと、身も蓋《ふた》もないのはわかっているが、事実は事実として認めてしまおう。もちろん研究対象ではあるが、「実験」の材料にしてきたわけではない（笑）。

着任後、すぐに出会った学生たちから、それこそこの春に卒業した学生まで、実に多彩なメンバーが集まってきた。彼らとはよく飲んだし、よく遊んだ。名前はすぐには思い出せなくても、一人ひとりの顔は思い浮かべることができる。あわせて、その学生が在学時に一度はやらかしたであろう〝若気の至り〟についても。

とりわけ、教員になって三〜四年めくらいまでの学生たちのことは、本当に感慨深く、今でも鮮明に覚えている。僕自身がまだ若く体力があったし、教員としての〝控えめな〟振る舞い方を心得ていなかったということもある。とにかく、彼らとの付き合いの密度は、半端なものではなかった。


ここで少し、この当時の〝記憶の濃い〟学生たちのことを書いてみたい。彼らとの付き合いは、もちろん卒業の時点で途絶えていたりはしない。彼らのことに触れるのは、当然のことではあるが、「昔話」に花を咲かせたいからではない。この本で書こうとするテーマを理解していただくうえで、彼らの卒業後の「キャリア（人生の履歴）」は、非常に示唆的な、生々しい「事例」になると考えるからである。

年齢的に見れば、現在、彼らは三〇代後半であり、四〇歳にさしかかろうとする者もいる。いわゆる「ロスジェネ（ロストジェネレーション）世代」のど真ん中に属している。そんな彼らが大学を卒業してからの「その後」は、「就職内定率」や「非正規雇用率」

といった統計を眺めるよりも、この世代の若者が辿《たど》ることになったキャリアの〝来し方〟を彷彿《ほうふつ》とさせてくれる。もちろんそれは、いまだ現在進行形なのではあるが。

なお、この本では、仕事や職業上の経歴だけを指して「キャリア」という言葉を使うのではなく、結婚や出産、居住、趣味の活動、市民生活などのライフキャリアの経歴も含めてキャリアとしている。注意していただきたい。

◆ロスジェネ世代の卒業生の「その後」

以下に、四人の若者を取りあげて、卒業後の十数年にわたる彼らのキャリアの歩みを紹介してみたい。ただし、あまりに正確に、かつ克明に描いてしまうと、誰《だれ》のことを書いているのか本人が特定できてしまう。そのため、固有名詞はすべて伏せたうえで、場合によって多少のデフォルメを施している箇所がある。ご容赦いただきたい。

【専門性を頼りに――博史の場合】

博史（仮名）は、小・中学生時代を国立の付属校で過ごし、高校は公立校に通った。高校時代には多少の〝やんちゃ〟もしたようであるが、その後、現役で僕らの学科（――僕はその後、キャリアデザイン学部に移籍したが、それ以前に所属していた文学部教育学科のこと）に入学してきた。

彼は、いわゆる「お受験」の経験者であるという出自からか、友人たちからは〝いじられキャラ〟に近いもてなしを受けていた反面、自らに恃《たの》むところもあって、卒業後は僕らの学科とは異なる専門の学部に学士入学し、その後さらに同じ専門系統の他大学の大学院に進学した。

修士課程修了後は、無事に外資系のコンサルティング会社に就職した。しかし、その後のキャリアの歩みは、必ずしも直線的なものではなかった。

入社して四年ほど経ったころ、博史から連絡があった。会社をやめて、独立して起業するという。社長兼従業員が、博史本人のみという「会社」だ。幸い、彼には前職の時代から、懇意にしてくれる特定のクライアント（顧客となる企業）が付いていた。新会社は、そうしたクライアントとの取引を軸に、順調に出発した。しばらくは順風満帆でもあった。同期が集まる忘年会などで会うと、博史の羽振りは良く見えたし、何よりその顔つきには、自分で事業を回しているという「自信」がみなぎっていた。

ところが、最近になって博史の会社は、これまで長く付き合ってきたクライアントとの契約が、すべて切れてしまったという。要するに、会社は存在するものの、やる仕事がないという状態。もちろん、複数の企業に入札を入れてみたり、知人から紹介を受けた会社の人と会ってみたりはしているらしい。しかし、まだ「ぜひこの会社と」という候補は見つかっていない状況のようだ。

こうして、いま書いている原稿が本になる頃、博史の会社が、次のクライアントを獲得しているかどうかは、僕にはわからない。ただ、大学を卒業してから博史がやってきたことは、入社した会社で、「特定分野にかかわるコンサルティング能力」を高め、起業してからも、それを〝武器〟に仕事をつないでいくという働き方だ。それはそれで、組織に頼るような生き方をする人間よりも、ずっと頼もしい。これからの厳しい時代を生き抜く〝したたかさ〟を備えているようにも見える。

しかし、彼が生活の糧としている「専門的能力」は、僕らの学科の専門とも、学士入学先の学部や進学した大学院での専門とも、まったく無関係とは言わないまでも、重なってはいない。おそらく大学時代の彼は、今の自分がこんな仕事をしているとは、想像すらできなかったのではないか。

【結婚で救われたはずが——あやかの場合】

あやかは、東京近郊のある県の公立高校から、僕らの学科に入学してきた。持ち前の明るさと茶目っ気のある性格、そして、ときに見せる「姉御肌」の振る舞いもあって、周囲の友人からも後輩たちからも慕われる存在であった。

教職への希望があって、大学四年時には予定通り教育実習にも出かけたのだが、その直前、父親を病気で亡くした。結果、あやかが選んだのは、受かる当てがあるわけではない教員採用試験ではなく、就職活動のターゲットを民間企業に絞ることだった。彼女の就職活動には、後がなかったから。その「決断」は、こちらが驚いてしまうほど早かったし、サバサバしていたように見えた。

しかし、あやかの就職活動は、かなり難航した。結局、「ブラック企業」などという言葉は存在しなかった当時においても、労働条件の厳しさや定着率の悪さで知られる、ある大手外食産業に就職した。

入社後、しばらくの期間は研修。そして、店舗に配属された。あやかに任された仕事は、接客やレジから、調理場での補助、仕入れや売上の管理、本社との連絡調整、アルバイトのシフトの編成、クレーマーのような客への対応、店舗の周辺の歩道の清掃まで。要するに、バイトには任せられない仕事のほぼ全部を、「正社員」である彼女が引き受けていた。シフトに入っていたバイトの子が、急に来られなくなると、つかの間の休日であったはずの彼女が、代わって出勤するということもたびたびだった。

仕事は、体力的にも精神的にも、相当に辛かったようだ。バイトの女子高生たちが、歳もそれほど離れていない彼女のことを指して、「将来、あんなふうには働きたくないよね」と言い合っているのを偶然聞いてしまった時には、突如として涙が溢《あふ》れ出てきて止まらなかったという。

あやかは、よく働いたと思う。もともとガッツのある子だったから、ぎりぎりまで頑張ったのだと思う。しかし、就職して二年半ほど経った頃、結局、その会社を辞めた。「しばらく実家でのんびりしたい」と伝えてくれた。

その後は、アルバイトをしたり、短期の契約社員として働いてみたり。あやか自身は、ちゃんと正規の仕事を見つけたいとも言っていたのだが。そんな生活を一年半ほど続けた後、彼女は結婚して、これまでに住んだことのない土地に移っていった。「新しい土地に慣れるまでは、主婦に専念しますよ」と、多少とも自嘲《じちょう》ぎみに語っていた彼女だが、やがて子どもにも恵まれた。僕は正直、あやかの人生は、ようやくこれで落ち着いていくのだろうと思っていた。実際、しばらくの間、彼女からは音信もなかった。

ところが、一昨年、突然連絡があった。離婚して実家に戻ってきたという。詳しい理由は聞かなかったが、いま仕事を探していて、なんとか条件に合う安定した仕事を見つけなければ、ということだった。

あやかの歩みを見ていてつくづく思ってしまうのは、「夢」や「やりたいこと」に拘泥するようなキャリア教育に、いったいどれほどの価値や意義があるのかということだ。人がなぜ働くのか、どんな仕事をするのかには、本人の意志や努力ではどうにもならない環境の要因が、大手を振って影響している。

【上昇志向のない、独立心？——優の場合】

ある種の自由さを求めてなのか、優は、大学三年の時に僕らの学科に転入してきた。「なんで最近の若者は、みんな敷かれたレールに易々《やすやす》と乗ってしまうの？　僕にはとうていできないよ」——こんな問題意識を持った学生で、実際、在学中の彼の振る舞いは自由奔放だった。

優は、完全な自学自習によるのだが、パソコンやネットワークに関する知識・スキルに人並み以上に長《た》けていた。だから、大学時代の彼のバイトは、フツーの大学生がよくやる居酒屋やコンビニではなく、ホームページの制作やデザインなどを会社から請け負うことだった。もちろん、優自身が営業したわけではないので、仕事のほとんどは、知り合いから回してもらう「下請け」ということになるのだが。

ただ、そんなことをしながら、在学中の彼は、仕事に結びつく（もっと言えば、自分に仕事を回してくれる）人的ネットワークを築きあげていた。

大学四年になっても、優は、就職活動など一切しようとしなかった。僕は、「さもありなん」とは思ったが、しかし、現在やっている「業務請負」のようなことで、一生身を立てていくつもりなのか、それで大丈夫なのか、と少々心配にもなっていた。しかし、僕の心配などはどこ吹く風、優は平然と卒業していった。仕事をして、稼いでもいたのだが、大学生の卒業後の進路としては、「無業」にカウントされたにちがいない。

卒業後も、順調に業務請負の仕事を続けていたようで、知名度の高い企業や放送局の仕事なども手がけたらしい。そして、三〇歳を迎えた時、同業の仲間といっしょに会社を立ち上げた。独立して仕事をしていると、オーダーや納期が重なってしまって、条件のいい仕事なのに断らざるをえなかったり、逆に、暇になる時期ができてしまったりするからだそうだ。組織として受注することで、そうしたムラを吸収できるし、一人ひとり得意な分野が違うので、仕事の幅を広げることにもなるという。

その後、彼の会社は、順調に業績を伸ばしている。もちろん、景気・不景気の波はあるのだろうが、優はしばらくの間は、そうやって生きていきそうだ。

大学生の就職と言うと、普通はどこかの会社や組織に勤めることを想像するだろう。しかし、そうではない働き方をしてしまう若者が、実際に存在している。「インディペンデント・コントラクター」（独立請負業者）から「起業」へ。最初からそう計画していたわけではないのだろうが、リスクを取ることを恐れなければ、人はどんな働き方だってできるわけだ。

【長い長い回り道の後に――晶子の場合】

晶子は、愛嬌《あいきょう》のある女子学生で、周囲からも好かれていた。しっかりしているというよりは、どこか〝抜けている〟ところもあって、大学生活でもアルバイトでも、多くの友人に助けられていたはずだ。一度などは、酔いすぎて道端に転がって寝てしまい、少し経ってから気がついた友人が、慌てて〝拾い〟に行ったこともある。あーあ、書いちゃった（笑）。

そんな彼女は、いつでもマイペース。大学四年になっても、単位を取ることと卒業論文を書くことで手一杯、就職活動などしている気配もなかった。ゼミの教員であった僕は、もっと厳しく指導すべきだったのかもしれない。いや、多少は言ってみたのだが、晶子の返答は、いつも決まって「なんとでも、生きていけますよ」だった。

結局、就職先を決めないまま、卒業。在学中からやっていたアルバイトをそのまま続けた。地方出身者であった晶子は、本当はバイトの稼ぎだけでは東京で暮らしていけないのだが、そこはちゃっかりしていた。卒業の直前に、付き合っていた彼氏の家に転がり込んで、そのまま住みつづけた。彼氏のほうは正社員として勤め出したので、生活の基盤は、贅沢《ぜいたく》をしなければ「安定」していた。

しばらく、そういう生活を続けていた晶子が、小学校の教員になりたいと言い出したのは、卒業して四～五年経った頃である。教員免許を取るために、すでに通信教育をはじめているという。在学中の彼女は、教職課程さえまともに履修していなかったのだが、教師になりたいと思ったきっかけは、たまたま近くの小学校で、学校支援ボランティア（有償ではあったらしい）をやり始めたことだという。子どもが可愛くてしかたがなかったので、この仕事なら自分でも本気になれると思ったらしい。

晶子の場合、いったん勢いがつくと、それからは早かった。二年後には教育実習も終えて、無事に小学校教諭の免許を取得。翌年からは、臨時採用ではあったが、産休代替などの形で実際に小学校に勤めはじめた。そうした期間が二～三年はあっただろうか、その間は毎年、教員採用試験を受け続け、最後にはついに合格。晴れて正規の小学校教諭になって、今でも元気に働いている。

正直、毎日忙しいし、身体的にも楽ではない。嫌なこともないわけではないという。しかし、「この仕事は、私には天職ですよ」と晶子は言う。天職のわりには、ずいぶんと見つかるのに時間がかかったし、「回り道」をしたなあとも思うのだが、しかし、そんなものなのかもしれない。卒業時に、みんなが一斉に「これだ」と思える仕事に出会えるなんてことは、本来、ありえないことだろう。

◆「標準」が崩れてしまった時代

四人の卒業生の「その後」を追ってみた。一般的に「ロスジェネ世代」と言うと、なかなか正社員になれず、非正規雇用で、きつく、不安定な就業を強いられているというイメージが浮かぶだろうか（例えば、朝日新聞「ロストジェネレーション」取材班『ロストジェネレーション――さまよう二〇〇〇万人』朝日新聞社、二〇〇七年、を参照）。その意味で、就職や働き方の社会的な「標準」が成立しなくなった時代の「幕開け」を生きる世代である。

確かに、紹介した僕の卒業生の場合でも、卒業時に「新卒就職」をしているのは、博史とあやかの二人だけだ。しかも、二人ともその後、離職している。最初の職を辞した後のキャリアも、まっすぐな道ではなく、紆余曲折《うよきょくせつ》を経験している。

他方、優と晶子は、新卒就職をしていない。卒業後、ある意味で「不安定な就業」を続けてきた。しかし、その後の曲折を経て、今はなんとか落ち着こうとしている。もちろん、この先だって、二人に何が起こるかはわからない。晶子は、地方公務員（教員）なので、身分上は安定しているかもしれないが、彼女の人生という点から見れば（結婚や出産などを含めて）、また転機が訪れないとも限らない。

もはや三〇代後半になった卒業生たちである。彼らのキャリアに関して、「ああ、これで落ち着いたのだな」と僕が思えるような日は、いつやって来るのだろうか。いや、そんな日が来ると思うのは、ただの「幻想」、勝手な「願望」でしかないのだろうか。

いずれにしても、大変な時代になったものだ。今どきの若者たちはみんな、こうした卒業後のキャリアの世界に漕《こ》ぎ出ていく。もちろん、以前の時代にも、紆余曲折のキャリアや、波瀾万丈《はらんばんじょう》と言ってもよい人生を歩む者は存在しただろう。しかし、それはやはり、やや「例外」に属する事例であって、だいたいみんな、こういう道を辿っていくのだろうという、社会的な「標準」を想定することが可能であった。

しかし、今では、その「標準」が成り立ちにくくなっている。人のキャリアが、予測不可能なものとなっている。過去のキャリアについては、すでに歩んできた道だから、確定的なことが言える。ところが、それを未来に引き延ばしてみれば、その人の将来のキャリアが予測できるとは限らなくなったのである。

◆若者たちの一〇〇人村

ここまで書いてきても、読者のなかには、「本当にそんなに厳しいのか」と疑問に思う人もいるかもしれない。あるいは、「おまえの教育がなっていなかっただけなのでは？」と考える人も。

後者のコメントに対しては、「痛いところを突かれた」と言わざるをえない。しかし、そこまで言われるのであれば、事態は、僕の「力量不足」のせいだけではないのだという証拠を見せよう。

図1は、現在の高校入学者の総数を「一〇〇人村」の住人にたとえた時、住人たちのその後のキャリア（進路）がどうなっていくのかを文部科学省（「学校基本調査」）と厚生労働省（「新規学校卒業者の就職離職状況調査」）の統計に基づいて推計してみたものだ。

図1　高校入学者を100人とすると…（推計）

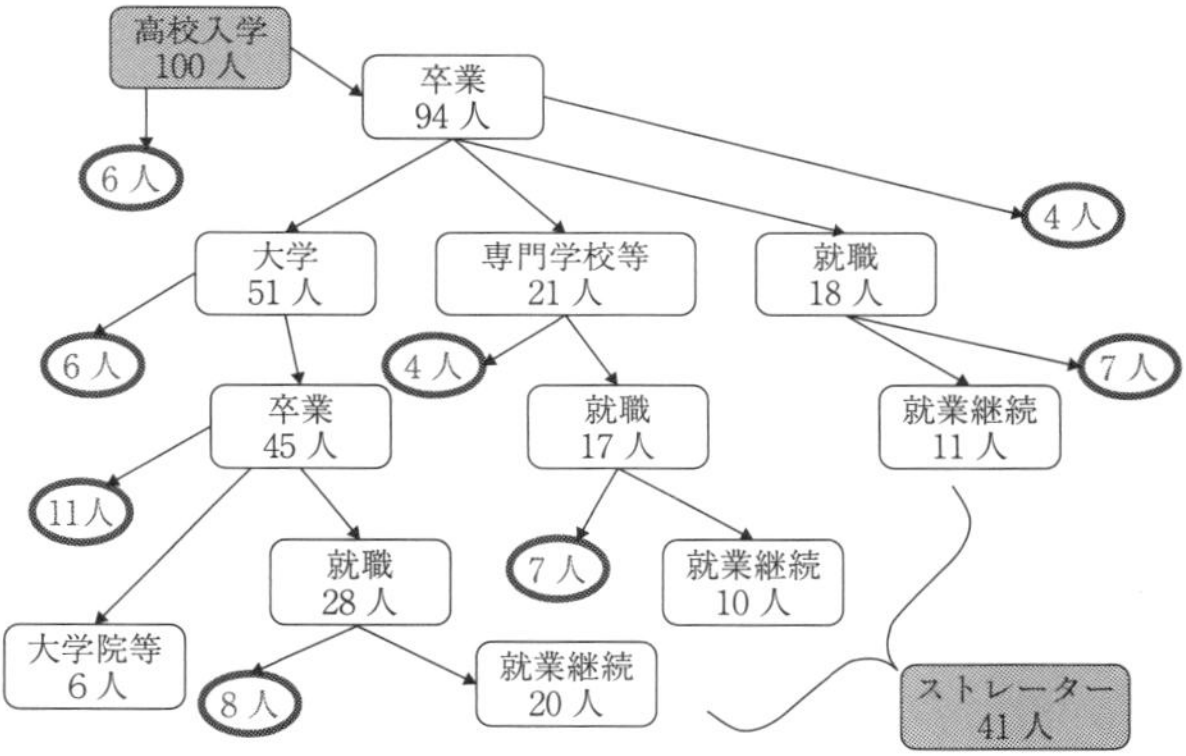

（文部科学省「学校基本調査」〈2012年〉、厚生労働省「新規学校卒業者の就職離職状況調査」〈2012年〉をもとに著者が作成）

もちろん、ある年の高校卒業者全員の追跡調査を行ったわけではないので、あくまで推計に基づくシミュレーションである。しかし、現時点での進学率・卒業率・就職率・離職率から割り出していくと、こういう結果が出てくる。

高校入学者が一〇〇人いたとすれば、どこかの段階までの教育機関をきちんと卒業し、新卒就職をして、そして三年後も就業継続をしている者は、実は四一人しかいない。このグループは、〝まっすぐなキャリアを歩んでいる人〟という意味で「ストレーター」と名づけたいと思うが、それは、全体の半分以下でしかない。かつての日本社会においては、ストレーターこそが多数派であったし、それが社会的な「標準」でもあった。しかし、今では（大学院等に進学した六名を加えてもなお）半数以下なのである。

逆に言えば、同世代の半分強は、学校段階においてか就労においてか、どこかでつまずいたり、立ちすくんで滞留したり、やり直しを余儀なくされたりしている。これが、今どきの若者たちのキャリアである。彼らが生きていくのは、こんな状況と時代なのである。

まずは、このことをしっかりと頭に叩《たた》きこんでほしい。

◆「キャリア教育」になにができる？

さて、こうした社会情勢を受けて、この一〇年ほどの学校教育の世界では、子どもと若者にキャリアについて学ぶことを促す取り組み（＝キャリア教育）が急速に普及してきた。文部科学省の教育政策が、それを強力に推進してきたということもある。「キャリア教育」とは何かについては、第1章で詳しく説明するが、その目的は、あけすけに言ってしまえば、「ストレーター」を少しでも増やすことである。

それはそれで、結構なことかもしれない。そんなことができるのならば、ぜひともそうした教育を推進していただきたい。しかし、僕たちの学科の卒業生たちの事例を見たように、今どきの若者たちが、学校・大学を卒業した後に辿るることになる世界は、「予測不可能性」に満ちている。

そんな「予測不可能」な世界に向けた準備のための教育（＝キャリア教育！）なんて、

そもそも可能なのだろうか。はたして成り立つのだろうか。僕の卒業生たちには、在学中に、いったいどのような「準備」をさせておけばよかったのだろうか。

もちろん、さまざまな「転機」や「紆余曲折」が予想される将来の現実に、すべて具体的にフィットするような「準備」をすることは不可能だろう。ただ、そうだとしても、そうした現実を生き抜いていくために、いわば「準備体操」のようなものとして、在学中にやっておいた方がよいということはある。僕自身、そういう準備をするためのキャリア教育を否定するつもりはまったくない。むしろ、今どきの教育にとって必須の課題であるとも考えている。

しかし、いま現に学校や大学で展開されている「キャリア教育」は、そうした内容になっているのだろうか。この点については大いなる疑問がある。——これが、この本で論じようと思っているテーマである。

いま現在、学校や大学において展開されているキャリア教育は、いったいどのようなものなのか。そのどこに「問題」があるのか。逆に、若い人たちは、現に行われている「キャリア教育」とどう向きあえばよいのか。どんなふうに距離をとればよいのか。そんなことを考えてみたい。

◆本書の構成

以下、この本の構成について、あらかじめ示しておく。

第1章では、キャリア教育とは何かについて、少し詳しく論じる。今日の日本の学校や大学において、なぜキャリア教育が求められるようになったのかについても、併せて明らかにしておきたい。

実は、このあたりの内容は、以前に執筆した拙著『権利としてのキャリア教育』（明石書店、二〇〇七年）とも、基本線においては重なっている。しかし、あれからすでに五年が過ぎた。僕自身の関心も微妙に変化してきている。教育政策・行政にしても、学校現場の取り組みにしても、キャリア教育をめぐる状況は、ますます複雑化している。ここでは、そうした点も踏まえて、「改訂・簡略版」をお届けするつもりである。

第2章が、この本のメインである。章のタイトルには「ウソで固めた」などと〝過激な〟表現を使ってしまったが、現在の学校や大学の現場で取り組まれているキャリア教育について、そのどこが「問題」であるのかを、論点を絞って、しっかりと論じていく。問題点を指摘し、それが、なぜ「問題」であるのかを明らかにすることに主眼を置くが、そのことを通じて、僕自身がどういう「キャリア教育」であれば必要であると考えているのかについても示唆したい。それは同時に、若い人たちに「キャリア教育」とどう向きあえばよいのかを考えてもらうヒントにもなるはずである。

最後に、エピローグでは、いま現在、高校や大学に在籍している若者たちに向けて、こんな時代と社会に漕ぎ出ていくために何が必要なのか、どのような構えで目の前の現実と将来にのぞんでいけばいいのかについて、拙いながらも僕からのメッセージをお届けする。

◆なぜ、キャリア教育の「ウソ」なのか

この本のタイトルは、ズバリ「キャリア教育のウソ」である。

正直、〝やってしまった感〟はある。僕は、かれこれ二〇年以上も教育学の研究をしてきた。研究テーマは、青年期の教育である。学校で行われている進路指導についても、多少時期は遅れるが職業教育についても、ずっと関心を寄せてきた。その延長線上に、実は〝これなら〟と得心できる「本来のキャリア教育」が存在するとも考えている。

そうであれば、なぜ「ウソ」なのか？

ここでは、ウソという言葉を〝からくり〟や〝わな〟といった含意で捉えている。学校や大学においてキャリア教育に取り組んでいる教師たちは、本当に熱心である。現場には「善意」が溢れている。

しかし、善意は、つねに良い結果をもたらすとは限らない。良かれと思ってやったことが、子どもや若者を追い込んでしまったり、逆に、リアリティを欠いた「夢想」の世界に走らせたり、既存の秩序への「適応」を強引に迫ったりすることもある。

実は、キャリア教育の現場には、こうした〝逆説〟がたくさん存在している。逆説的な帰結を導いてしまう多くの〝からくり〟や〝わな〟がある。

それを暴いておきたいというのが、僕の本意である。若い人たちには、多少とも「ショック療法」になってしまうかもしれないが、今あるものをいったんは「ウソ」かもしれないという点から捉え直し、〝突き放してみる〟視点を手に入れてほしいと願っている。それは、自己の認識や判断力を鍛えることにつながり、まさに自らのキャリア形成に資することなのだから。

第1章

キャリア教育って、なに？

1　キャリア教育の狭すぎるかたち

◆「キャリア教育」の幕明け

「キャリア教育とは、何か」については2節で論じるので、まずはその〝現実態〟を見ておきたい。日本の教育界においては、いったいいつから、いかなる理由や背景のもとに「キャリア教育」の導入が進められたのかという話である。

政策的な経緯を含めた考察は、拙著『権利としてのキャリア教育』で行っている。ここでは、この本の目的に必要な限りのことを確認しておく。

文部科学省の関連の政策文書において、初めて「キャリア教育」という用語が登場するのは、一九九九年の中央教育審議会の答申「初等中等教育と高等教育との接続の改善について」においてである。実はまだ、それから十数年しか経っていない。

ちなみに答申では、なぜキャリア教育が必要なのかを導く社会的背景として、以下のような状況が描かれていた。

「新規学卒者のフリーター志向が広がり、高等学校卒業者では、進学も就職もしていないことが明らかな者の占める割合が約9％に達し、また、新規学卒者の就職後3年以内の離職も、厚生労働省の調査によれば、新規高卒者で約47％、新規大卒者で約32％に達している。」
（中央教育審議会「初等中等教育と高等教育との接続の改善について（答申）」一九九九年）

ふむふむ。しかし、なぜ、大卒で「進学も就職もしていない」者の割合を隠すのか。その数値は、高卒者よりもはるかに高い（一九九九年時点で、二〇％超）にもかかわらず──といった点は、ここでは追求しないことにしよう。

確認しておくべきは、就職難にしても早期離職にしても、あるいは若者の「フリーター志向」にしても、若年層の就労・雇用問題の深刻化が懸念されており、そこからキャリア教育の必要性が主張されていたという点である。

◆はじめに「若年雇用問題」ありきだった！

その後、文科省は、二〇〇三年の「若者自立・挑戦プラン」を契機として、本格的に「キャリア教育の推進」を唱導していく。内閣府、経済産業省、厚生労働省、文部科学省の四省府が参加する「若者自立・挑戦戦略会議」によって策定された「若者自立・挑戦プラン」では、さまざまな分野における若者就労支援策が打ち出されたが、その「教育版」として文科省が施策に乗り出したのが、「キャリア教育総合計画」である。

これ以降、学校現場では、職場体験・インターンシップの実施、職業人による講話、職業調べ、自己理解を促す学習、「やりたいこと」探し、キャリアプランの作成といったキャリア教育の取り組みが一斉に広まっていくことになる。

当初は、文科省による研究指定を受けた地域や学校における取り組みであったが、その後は、県および市町村教育委員会を通じた強力な指導のもと、瞬く間に（もちろん、学校ごとに〝温度差〟はあるのだが）全国の小・中・高校に浸透していった。

ただし、ここでも確認しておきたいのは、キャリア教育の推進施策の発端となった「若者自立・挑戦プラン」には、その冒頭に、やはり以下のような現状認識が披露されていたことである。

「今、若者は、チャンスに恵まれていない。高い失業率、増加する無業者、フリーター、高い離職率など、自らの可能性を高め、それを活かす場がない。
このような状況が続けば、若者の職業能力の蓄積がなされず、中長期的な競争力・生産性の低下といった経済基盤の崩壊はもとより、不安定就労の増大や生活基盤の欠如による所得格差の拡大、社会保障システムの脆弱《ぜいじゃく》化、ひいては社会不安の増大、少子化の一層の進行等深刻な社会問題を惹起《じゃっき》しかねない。」
（若者自立・挑戦戦略会議「若者自立・挑戦プラン」二〇〇三年）

なぜ、そのような事態が招来したのか。「若者自立・挑戦プラン」によれば、「将来の目標が立てられない、目標実現のための実行力が不足する若年者が増加」したからである（らしい）。

◆若者のテコ入れ策

さて、ここまで来ると、ある種の「構図」が透けて見えないだろうか。特に若い人にはピンと来てほしい。大きな〝憤り〟を込めて。

若者の就職難が問題なのは、若者たち自身の「チャンス」や「可能性」を閉ざしてしまうということもあるが、それ以上に、それが今後の日本の「経済基盤」を崩壊させ、「社会不安」や「社会保障システム」の機能不全を引き起こしてしまう「社会問題」であるからなのである。

そして、キャリア教育とは、そうした事態に対処するための〝教育的な処方箋《しょほうせん》〟にほかならなかった。「将来の目標が立てられない、目標実現のための実行力が不足する若年者」を鍛え直し、テコ入れすること、そのことによって若年雇用問題の深刻化に対処することが、キャリア教育のねらいである。

ここまであけすけに言ってしまうと、当事者である若者には少なからぬショックを与えてしまうだろうか。しかし、事実は事実として認識しておく必要がある。そして、そうした経緯で登場したのが「キャリア教育」であるならば、そこにはどこか〝眉唾《まゆつば》もの〟のにおいがしたとしても決して不思議なことではない。

◆大学では「生き残り競争」の道具に

同じ時期、大学においても一気にキャリア教育が盛んになった。その背景に「若年雇用問題」の深刻化があることは、小・中・高の学校教育の場合と同様である。大学生の就職難が続き、各大学がなんとか就職実績を維持しようと、躍起になって学生のテコ入れをはかろうとしたのが「キャリア教育」である。僕も大学教育の当事者の一人なのでなかなか言いにくいのだが、基本線においてはこの見立てに間違いはなかろう。

ただし、小・中・高の場合と異なるのは、キャリア教育の普及を促したメカニズムである。文部科学省は、学校に対しては強力な権限と、教育委員会を通じた行政指導のルートを持っている。したがって、小・中・高におけるキャリア教育の推進は、〝上から〟のトップダウンの施策として強行的に行われた。

これに対して、大学に対しては、補助金によって各大学の取り組みを誘導することはできても、それ以上の手出しはできない。にもかかわらず、大学におけるキャリア教育が急速に普及したのは、少子化を背景にした大学間の「生き残り競争」のゆえである。その意味では、〝下から〟の競争原理によってキャリア教育が浸透したと言うことができる。

ただ、いずれにしても、「若年雇用が問題化→日本経済や社会の将来への不安材料→若者をテコ入れする必要性→キャリア教育」という図式が成立していることを看過するわけにはいかない。

◆ビジネスのターゲットとしても

実はもうひとつ、日本におけるキャリア教育の普及を促した要因がある。端的に言ってしまえば、「キャリア教育ビジネス」とでも呼ぶべき分野が、にわかに活況を呈するようになったことである。

先の「若者自立・挑戦プラン」（二〇〇三年）の枠組みにおいて、経済産業省が展開した事業のひとつに、「地域自律・民間活用型キャリア教育プロジェクト」(二〇〇五〜〇七年)がある。

〝なぜ、経産省がキャリア教育?〟などと、いぶかしむ必要はおそらくない。このプロジェクトは、学校におけるキャリア教育の展開を支援するものであったが、あくまで「民間活用」が条件だったのだから。企業やNPO等と連携して展開されるキャリア教育の取り組みに対してのみ補助金が交付されたのである。そうした意味で、産業政策の観点からも、キャリア教育は、ひとつの「新規マーケット」であった。

同じ時期に文部科学省が展開した「新キャリア教育プラン」(二〇〇四年)事業では、さすがに「民間活用」の文字が躍ったりはしなかった。しかし、研究指定を受けた学校や地域では、民間事業者が提供する各種のサービス(講師派遣、教材開発、適性検査など)を利用していたところも少なくなかった。学校現場の実情からすれば、トップダウンの施策によって、いきなり〝降ってきた〟キャリア教育である。すぐさま、すべてを自分たちで実施する準備が整っていなかったとしても、それはそれで理解しうるところである。

◆大学における「民間活用」

大学の場合にも、事情は変わらない。

文科省が大学教育改革の推進を支援するための事業に、「実践的総合キャリア教育推進プログラム」を加えたのは二〇〇六年であるが、同種のプログラムは、それ以降「就業力育成支援事業」（二〇一〇年）、「産業界のニーズに対応した教育改善・充実体制整備事業」（二〇一二年）へと引き継がれてきた。

これらは、大学におけるキャリア教育の推進・充実をはかるための助成事業であり、選定された大学に対しては、毎年一〇〇〇万円単位の補助金が出される仕組みになっている。小・中・高と比較した場合には、予算規模が桁《けた》違いに大きい。マーケットとしてはきわめて〝魅力的〟であろう。

そして、ただでさえ忙しい大学教員に（――いや、研究以外のことにはなるべく労力を割きたがらない大学教員に、と書くべきだな）、自前でこれだけの予算規模のプログラムを回せる余裕や力量は、基本的にはないと考えていいだろう。個別の大学が単独でプログラム開発を行い、大学におけるキャリア教育の充実に努力したという事例がないとは言わないが、多くの事例においては、民間事業者との「連携」が必然化していたと見るべきである。

もちろん僕は、小・中・高も含めてであるが、キャリア教育が産業界と連携して行われることは必要なことであるし、望ましいことであるとも考えている。しかし、その際に求められるのは、プログラムにのぞむ学校や大学の側の「主体性」である。生徒や学生の側からしても、学校や大学が「就職予備校」まがいになってしまい、ひたすらにビジネススキルの習得に励まされるような場になってしまうのは御免こうむりたいだろう。

しかし、それをうまく回避することができたのか。創成期のキャリア教育の展開においては、この点で少々疑問に感じるところがないわけではない。

◆狭すぎるキャリア教育

以上が、日本においてキャリア教育が登場してくる背景であり、その〝現実態〟ということになる。

僕の立場からすれば、こうした現在のキャリア教育は、狭すぎるし、偏ってもいる。もちろん、こう言い切るためには、狭くない、偏っていない（本来の）キャリア教育とはどういうものであるのかを論じる必要があるのだが、それは、次節で説明する。ここでは、どういう意味で〝狭すぎる〟〝偏っている〟と僕が考えるのか、その主張だけをあらかじめ示しておこう。

端的に言って、二点ある。

①　キャリア教育の焦点が、職業や就労だけに当たってしまっている。
②　キャリア教育への取り組みが、学校教育全体のものになっていない。（教育課程から見て、〝外付け〟の実践になってしまっている。）

学校が
就職予備校みたいに
なってるねー
昔は
違ったの？

①は、もともと現在のキャリア教育が〝はじめに「若年雇用問題」ありき！〟で出発したことを考えれば、わかりやすいだろう。

もちろん、実際のキャリア教育の実践では、自己理解や社会認識に関する学習など、その取り組みには一定の幅がある。しかし、キャリア教育の最終的な目的は、若者の就労を促すという点に収斂《しゅうれん》していく。その発想の狭さはいかがなものか、ということである。キャリア教育を受けた若い人たちに、「要するに、就職できればいいんでしょ」と思わせてしまうようでは、キャリア教育としては見事に〝失敗〟している。

②は、キャリア教育への取り組みが〝急ごしらえ〟で進められたこと、民間事業者が開発した教材やプログラムに基づいて展開されてきたこととも深くかかわる。要するに、キャリア教育の学習やプログラムは、その他の教育課程と連携していないために、いわば〝外付け〟の「取り立て指導」のようになってしまっているということである。

小・中学校の時の「道徳の時間」を思い出してほしい。週一時間の「道徳の時間」に学んだ内容（徳目）じたいに意味がないと考える人は、たぶんいないだろう。しかし、それが通常の授業や学校生活で大切にされないならば、学んだ内容は、たちまちに〝風化〟してしまう。これと同じことが、キャリア教育においても起こっているのではないか。

こうした問題点は、実は第2章で論じるキャリア教育の「ウソ」を作り上げる原因にもなっているのだが、先走りすることはやめよう。次節では、〝狭すぎない〟本来のキャリア教育とは何なのかについて見ていく。

2　キャリア教育の原点

◆なんでカタカナの「キャリア」？

大学の講義で学生に「キャリアを漢字に直してみると、どうなる？」と尋ねることがある。学生の答えは、〝人生〟〝履歴〟〝一生〟〝進路〟……等々。なかには「来し方行く末」などと洒落《しゃれ》たことを言う者もいる。

しかし、僕は「どれもピンと来ないよね」と締めくくることにしている(笑)。

学生たちは狐《きつね》につままれたような顔をするが、実際、「キャリア」を適当な漢字に翻訳することは難しい。そして、それにはそれ相応の理由がある。

つい三〇年前までの日本社会では、ほとんどの人が学校を卒業した後、家業を継ぐか、会社などに勤めて、そこで定年まで働いていた。女性の場合には、結婚や出産を機に退社し、家庭に入る人も少なくはなかった。

そうしたジェンダー差はあるが、注目しておきたいのは、人々が生きていくコースには「標準」的なモデルが存在したということである。そうした社会には、「キャリア」という概念やその考え方は、そもそも馴染《なじ》まない。

キャリアとは、「これまでの、そしてこれからの人生の履歴」を意味する。しかし、そこには、そうした「履歴」が〝変転の可能性を含んでいる〟という含意がある。少なくない〝節目〟や〝転機〟が存在することが想定されている。

そう考えれば、これまでの日本社会には「キャリア」という言葉が馴染みにくい理由も、うまく該当する漢字が見つからない訳も理解できるのではないか。そして逆に、現在の（そして、将来の）日本において、なぜキャリアという言葉がクローズアップされてくるのかも。

◆日本社会の構造的変化

詳しいことは専門の書籍にお任せしたいので簡単に済ませるが、いま日本社会は急激に変化している。終身雇用や年功序列型賃金を軸にした「日本的雇用」は縮小・解体しつつあり、非正規雇用も拡大している。転職も当たり前である。非婚化・晩婚化が進んでいるし、婚姻に至ったカップルでも、統計上はそれが〝ゴール〟ではなく、三組に一組が離婚する。

一事が万事なのでこれ以上は書かないが、これから僕たちが、とりわけ若い人たちが生きることになる将来の社会においては、人生上の「標準」コースは存在しない。いつどこで〝転機〟が訪れるかは、誰《だれ》にも予測できない。そういう時代と社会には、変転の可能性を含んだ「キャリア」という言葉がふさわしい。

キャリア教育とは、字義どおりに解せば、「キャリアのための教育」であろう。つまり、変化の激しい社会に漕《こ》ぎ出ていって、そこで自らのキャリアを築いていくための準備教育である。

確認しておきたいのは、「将来のキャリアへの準備」とは、決して職業や仕事の世界への「適応」だけを指すわけではないということである。ライフキャリア上のさまざまなイベントや転機に対応できるための準備も必要である。この点だけを考えても、1節で紹介したような現在のキャリア教育が、いかに〝狭すぎる〟のかが理解できるのではなかろうか。

◆キャリア教育とは?

とはいえ、キャリア教育とは何なのかについて、もう少し踏み込んでおこう。教育行政による官製の定義がすでにあるので、先にそれを紹介しておく。もしかしたら、頭のなかにクエスチョン・マークが浮かぶだけかもしれないのだが(笑)。

キャリア教育とは、

> 「児童生徒一人一人のキャリア発達を支援し、それぞれにふさわしいキャリアを形成していくために必要な意欲・態度や能力を育てる教育」
> (キャリア教育の推進に関する総合的調査研究協力者会議「報告書」二〇〇四年)

である。

ん？「キャリア教育」を定義しているのに、「キャリア」という言葉が二箇所も登場している。同語反復ではないか。

「キャリア教育＝キャリア発達の支援」であるとして、では、「キャリア発達」とは何なのか。

「社会の中で自分の役割を果たしながら、自分らしい生き方を実現していく過程」

「自己の知的、身体的、情緒的、社会的な特徴を一人一人の生き方として統合していく過程」

（中央教育審議会、「今後における キャリア教育・職業教育の在り方について（答申）」二〇一一年）

であるそうだ。

ようやくわかってきた気がするので、僕なりの言葉で思いきって〝意訳〟してみよう。社会的な存在である人は、人生の履歴において、さまざまな「役割」を引き受けながら生きていく。それは、役割を引き受けるという仕方で社会に参加し、貢献していくことでもある。

そして、そうした「役割」を担うことができるように成長すること、そのことを、自分の「生き方」として、自分の中に統合していけることが「キャリア発達」である。その「キャリア発達」のための力量形成に資するのが、「キャリア教育」なのである。

雑駁《ざっぱく》に言ってしまえば、「キャリア教育」の概念は、これほどまでに広い。にもかかわらず、世間では、そして学校現場でも多くの場合、これよりもはるかに狭い範囲の教育活動を想定して、それを「キャリア教育」であると理解している。

そうした誤解は、払拭《ふっしょく》されなくてはならない。若い人たちには特に言っておきたい。──学校や大学で君たちが受けている〝いかにもキャリア教育〟という学習だけが、今後の働き方や生き方に指針を与え、役立つわけではない。社会に漕ぎ出ていくために学んでおくべきことの裾野《すその》はもっともっと広いのだ、と。

僕なりの理解で言えば、キャリア教育を、学校教育の中のひとつの「領域」や「分野」であるとは考えないほうがよい。キャリア教育は、学校教育のひとつの「機能」である。学校におけるさまざまな教育活動が、子どもと若者の、彼らが将来担うことになる「役割」の遂行能力の育成に資するものとなっていれば、それがキャリア教育なのである。

◆「直接的」および「間接的」な働きかけ

こう考えれば、学校の教育課程には、実に多様な「キャリア教育」が埋め込まれていることがわかる。

これには、「直接的なもの」と「間接的なもの」がある。職場体験（インターンシップ）のように、将来の「働く者」としての役割を〝実体験〟させようとする活動や、家庭科の授業を通じて、将来の「家庭を営む者」として役割を学ぶ学習などは、「直接的な」キャリア教育である。

まだ上が
ゴールは一本道?
上はステキ?

これとは別に、外国語や理科の学習のように、何らかの将来の役割との直接的なつながりは見えなくても、どこかで子どもと若者の「キャリア発達」に資するはずの学習も存在する。これは「間接的な」キャリア教育である。

「直接」と「間接」、どちらが偉いわけでも、どちらがより重要であるわけでもない。子どもと若者の将来のキャリアは、人生全体に及ぶ。そこに対応するためには、きわめて包括的なキャリア教育のアプローチが必要なのである。

そういう意味で、学校におけるあらゆる教育活動は、キャリア教育になりうる。もちろん、従来どおり漫然と教育していればよいとはさすがに言いにくい。しかし、子どもたちはいずれ学校を卒業する、その卒業「後」への準備という視点を意識して日常の教育実践をしていれば、それは立派な「キャリア教育」になるのである。

◆わがもの顔の「俗流キャリア教育」

以上に述べてきたのが、キャリア教育の「原点」である。そもそもこの原点は、子どもと若者の成長・発達に資するという学校教育の本来の役割に根ざしている。なんの難しいこともないし、誰にも否定できないことである。

にもかかわらず、世間では（いや、学校教育の世界でも）、これよりもはるかに狭い範囲の教育活動や学習のみを指して、それを「キャリア教育」であるとする〝狭すぎる〟理解がまかり通っているのである。

ちなみに、現在の「俗流キャリア教育」には、以下のような三つの主要なジャンルがある。〝狭い〟なりにも、一定の幅と学習の系統性が想定されている。

①「自己理解」系　②「職業理解」系　③「キャリアプラン」系

若い世代であれば、中学あるいは高校時代に取り組んだ経験もあるだろうと思うが、いちおう説明しておこう。

①は、自らの進路や将来の仕事を考えていく前提として、自己の能力や適性、志望などを見つめる学習。「自分史」を書いてみたり、「なりたい自分」や「やりたいこと」

「就きたい職業」について考えてみたり、場合によっては「職業興味検査」を受けたりすることが、このジャンルの学習に入る。

②は、職業調べや職業人の講話、職業人へのインタビューといった学習活動。職場体験（インターンシップ）は、もちろんこれらの理解を深めるための体験型の学習である。

③は、そうした職業理解を踏まえ、「就きたい職業」と「現在の自分」とをつなぐ将来設計についての学習。「二〇年後の自分」「二七歳の私」などを想像させ、自分の「未来年表」を書かせるような学習もあれば、将来設計を踏まえた観点からの上級学校調べ、大学の学部・学科研究などもある。

実は、これらのジャンルには、一定の学習の順次性が想定されてもいる。①→②→③である。「自分を見つめ」→「目標を設定し」→「計画的に努力する」。こうした発想の背景には、アメリカを中心に発展してきた「キャリアガイダンス」の理論がある。うまく〝ハマれば〟効果的な支援になるのだろう。しかし、実際にそうなのか。

雇用慣行を含めて、アメリカと日本では社会制度も文化も異なる。そんな国の発想をダイレクトに持ち込んできて、うまくいくのか。そもそも成人の「転職」支援の場面を軸に発達してきたような理論を、子どもと若者を対象とする教育の場面にも援用できるのか。僕にはそんな疑問がある。

◆魔法から目を覚ます

若い世代の人たちに意識しておいてほしいことがある。

ここでは、わざわざ「キャリア教育の原点」という節を設けて、本来のキャリア教育の幅広さを強調してきた。返す刀で、流行りの「俗流キャリア教育」の狭さを批判してもきた。

なぜ、そんなことをしたのかと言えば、子どもと若者には現に自分たちが受けているキャリア教育の〝魔法〟から目を覚ましてほしいと願うからである。〝魔法〟を魔法であると見破るためには、それを突き放して見るための「拠点」が必要である。それが「キャリア教育の原点」という視点にほかならない。

実際のキャリア教育の取り組みには、それ自体としては「すぐれた点」もあるし、「偏った効果」を生むと危惧《きぐ》される点もある。「偏った効果」がどのような困ったことに帰結するのかについては、第2章でじっくりと論じるので参考にしてほしい。

「すぐれた点」に関しても、そうした狭いキャリア教育を受けただけで、キャリアのことはもう大丈夫だ、などと考えるべきではない。子どもと若者が自らの「キャリア発達」のために学んでおくべきこと、活動（体験）しておくべきことは山のようにある。だからこそ、それは学校教育全体を通じて、いや、家庭や地域においても取り組むべき〝壮大な〟課題なのである。その〝氷山の一角〟を経験しただけでわかったような気になっていては、必ず痛いしっぺ返しにあうだろう。

第2章

ウソで固めたキャリア教育？

さて、現在の学校現場で取り組まれている「俗流キャリア教育」には、どのような問題点や危惧《きぐ》される点があるのか、見ていくことにしよう。

論じたいことはたくさんあるのだが、パラパラと論点を並べ立てても、かえって伝わりにくいだろう。そこで、ここでは思いきって四つのトピックを設定し、じっくりと論じていくことにしたい。三つのトピックは、すでに述べた流行りのキャリア教育の主要ジャンルである「自己理解」系、「職業理解」系、「キャリアプラン」系にそれぞれ対応している。最後の一つは、全体にかかわる前提認識を問うものである。第1章では「俗流キャリア教育」が〝狭い〟ジャンルにとどまっていることを指摘したが、この章では、〝狭い〟ジャンル内での取り組みであるにもかかわらず、さらにそれが〝表面的〟であったり、誤解を招きやすいものであることを明らかにしたい。

若い人たちには、自分が受けてきた（いる）キャリア教育を思い起こしながら、〝そうか、そういう見方もできるのか〟〝そんな落とし穴やからくりがあったのか〟といったことに考えを巡らせてもらえればと思う。

1　「やりたいこと」探しの隘路《あいろ》

◆「あなたのやりたいことは？」

いま流行りのキャリア教育が実施されている現場に行くと、必ず目にするフレーズがある。「夢」「やりたいこと」「なりたい自分」「就きたい職業」……等々である。

少々大げさに言えば、今どきの子どもたちは、小学校の時から繰り返し「あなたの夢は？」「やりたいことは？」「就きたい職業は？」と尋ねられながら育っている。現在のキャリア教育において、「やりたいこと」の探求はそれほどまでに重視されている。

でも、〝そのどこがいけないの？〟と思われるだろうか。

さすがに僕も、キャリア教育における「やりたいこと」重視を全面的に否定するつもりはない。むしろ、子どもや若者に目標を持たせることの意義は、キャリア教育においてこそ追求されるべきだと考えてもいる。将来の目標があってこそ、目の前の課題に挑戦し、取り組もうとする意欲も高まるからである。

しかし、同時に、現在のような「やりたいこと」重視の傾向を見ていると、どうにも気になってしまうこと、〝危うさ〟を感じてしまうこともある。このあたりのことについて述べていくことにしたい。

◆夢、やりたいこと、就きたい職業

「夢」や「やりたいこと」という言葉は、実は多様な次元のことを含んでしまう〝マジック・ワード〟である。

裁判官になりたい、宇宙飛行士になりたいというのは、きわめて具体的な「夢」であるが、人の役に立つことがしたい、お金を稼いで豊かな生活を送りたい、著名な人になりたい、などもやはり「夢」の範疇《はんちゅう》に入る。人によって異なる次元のことを想定していると、それだけで議論がすれちがってしまうので、ここでは、具体的な職業や仕事の次元での「やりたいこと」を取り上げることにしよう。たいていのキャリア教育の実践では、この次元のことに焦点が当てられるからである。

もちろん、より大きな次元にある「自分の生き方のビジョン」や「働くときに大切にしたい価値観」のようなことを、キャリア教育の主題とすることもある。いや、「することもある」ではなく、それは、きわめて重要な学習である。学校現場では、ぜひともこの次元のことを大事にしてほしい。

しかし、同時に、この次元にだけとどまっていると、具体的なキャリアプランや進路設計にはつながっていかない。そこで、ビジョンや価値観の次元は、最終的には職業や仕事の次元での「やりたいこと」に落とし込まれていく。

◆職業なき社会における「就きたい職業」

次ページの表1を見ていただきたい。ベネッセ教育研究開発センターが実施した「第二回子ども生活実態基本調査」（二〇〇九年）から、高校生の「なりたい職業」のランキングを取り出したものである。

表1　高校生のなりたい職業ランキング

	男子		女子	
1位	学校の先生	4.7%	保育士、幼稚園の先生	5.3%
2位	公務員	3.6	学校の先生	5.1
3位	研究者・大学教員	2.7	看護師	4.8
4位	医師	2.3	薬剤師	2.9
5位	コンピュータープログラマー、システムエンジニア	1.7	理学療法士、臨床検査技師、歯科衛生士	2.4

（回答数6319）

質問票には、具体的な職業名をあげた選択肢は用意されていない。回答者（高校生）が自由に記述する形式がとられている。したがって、ここにある分類は、集計の際に調査者がまとめたものである。

さて、ランキングを一瞥《いちべつ》すると、すぐに気づくことがある。おわかりになるだろうか？

高校生があげている職業は、男子の二位の「公務員」を除けば、すべて「専門職（あるいは専門的職種）」である。基本的には、職業生活を通じてずっと同じ仕事をしていくスペシャリストのイメージである。

調査に回答した高校生のなかには、確かに将来「専門職（専門的職種）」に就くことになる者もいるだろう。しかし、実際には多くは、「事務系の会社員」「サービス系の会社員」「技術系の会社員」になっていくのではないか。（もちろん、これが正社員であるとは限らないという点が、今どきのご時勢なのであるが。）

にもかかわらず、これらがランキングに登場することはない。しかも、「事務系」「サービス系」「技術系」の中身は漠然としており、具体的な仕事内容は、入社してからしか確定しない。そしてその後も、ジョブ・ローテーションによって変わる可能性も強い。

日本の職業世界では、専門職や専門的職種などを除くと、そもそも雇用は、ジョブ（仕事）によって切り分けられていない。文系のホワイトカラーなどでは、その枠内であれば、どんな仕事にも対応できることが求められる。職業世界の「現実」がこうであるのに、キャリア教育においては、「やりたいこと（仕事）」を明確にすることが求められる。――こうした対応関係には、もともと無理があるのではないか。

僕が、「やりたいこと」重視のキャリア教育に〝危うさ〟を感じてしまう理由には、この問題が根っこの部分に横たわっている。

実は、先のベネッセ教育研究開発センターの調査には、〝オチ〟がある。「なりたい職業」を聞く質問の前に、「あなたには、将来なりたい職業がありますか？」という質問項目があるのだ。

「ある」と回答した高校生は、実は、全体の五〇・六％にすぎない。残りの半数の高校生は、文系か理系かくらいの志望は持っているのだろうが、その先は漠然と「会社員」といった将来イメージを描いているにちがいない。だから、「なりたい職業」を問われても、「ある」とは答えにくい。そうではない「専門職（専門的職種）」志向の高校生だけが回答した結果が、先のランキングに表れているわけである。

＊「やりたいこと（仕事）」を軸にした職業紹介で、一〇〇万部を超えるベストセラーとなった本に、村上龍の『13歳のハローワーク』（幻冬舎、二〇〇三年）がある（その後、『新・13歳のハローワーク』二〇一〇年も出ている）。確かに、この本の切り口は斬新《ざんしん》で、「〝好き〟を仕事に」という視点から、これまでの職業分類や職業紹介にはないおもし

ろさを引き出している。

ただし、このやり方に〝ハマる〟職業（仕事）も少なくないのだが、「ナイフが好き」↓「ナイフ職人」のような身も蓋《ふた》もない回答や、「エッチなことが好き」↓「精神科医・臨床心理士・心療内科医」のように、少々首を傾げたくなる項目もある。そういう意味では、この本はあくまで、中学生になったばかりくらいの子が仕事の世界に関心を持ち、日本にはどんな職業（仕事）があるのかを調べてみるといった用途に適した優れた入門書と考えておくべきだろう。

◆「やりたいこと」重視が〝危うい〟理由

キャリア教育において、「やりたいこと（仕事）」にこだわりすぎることが、なぜ〝危うい〟のか。僕が考える理由は、三つある。

① 日本の雇用慣行においては、そもそもジョブ（仕事）に応じた採用や育成がなされないことが多い。
② 「やりたいこと（仕事）」の見つけ方が、主観的な視点に偏ってしまう可能性がある。
③ 「やりたいこと（仕事）」を、その実現可能性や社会的意味との関係で理解する視点が弱いように思われる。

①については、すでに述べた。②③について順に述べていくが、その前に少しだけ、説明のための道具立てを確認しておく。

先に触れたように、キャリア教育の取り組みでは、ほぼ順次的・段階的に想定されている三つのジャンルがある。再掲すると、これである。

①「自己理解」系　②「職業理解」系　③「キャリアプラン」系

この場合、「やりたいこと（仕事）」は、どこに位置づけられるのか。

端的に言えば、それは、①「自己理解」が深められた結果として明確になるものであり、②「職業理解」に向かう手がかりとされる。②では具体的に、その職業（仕事）について調べたり、実際に働いている人にかかわる情報をメディア媒体やインタビュー等を通じて学んだりする。

そうした②「職業理解」が深められたら、その職業（仕事）に就くために必要な学歴や資格を確認したり、高卒で就職をめざせるのか、大学や専門学校への進学が必要なのか、といった進路計画を立てたりする③「キャリアプラン」へとすすむ。

この手順をよく覚えておいてほしい。「やりたいこと（仕事）」は、①の結果であり、②の手がかりであり、③で実現がめざされるものなのである。

◆「やりたいこと（仕事）」の立脚点の脆《もろ》さ

「俗流キャリア教育」において、「やりたいこと（仕事）」のポジションは、きわめて高い。しかし、僕が腑《ふ》に落ちないと思うことのもうひとつは、「やりたいこと（仕事）」なんて、そんな簡単に見つかるものなのか、「自己理解」を深めたからといって明確にできるものなのか、という点についての疑問である。実際、先のベネッセ教育研究開発センターの調査では、高校生であっても、その半数は「なりたい職業」が「ない」と答えている。

子どもや若者には、いまだ働いた経験がない。高校生であれば、アルバイトくらいはしているかもしれない。しかし、アルバイト経験の範囲は、サービス業での接客や販売など、非常に限られたものであろう。昔のように家業を手伝ったり、昼間はフルタイムで働いて、夜間に定時制高校に通ったりするような生徒は、今や圧倒的に少数派である。大学生を見回してみても、事情は変わらない。アルバイト経験に、せいぜい家庭教師や塾講師が加わるくらいのものではないか。

僕、宇宙飛行士になる!!
ゴオオ
まず英語の勉強…だな
英語
38点

そんな子どもや若者が、「やりたいこと（仕事）」を見つけるとは、いったいどういうことなのだろう。これまでの経験で接したことのある職業人に影響されて、ということもあるだろうが、それも、学校の先生や病院の看護師といった、かなり狭い範囲での「経験」に限られてしまわないか。そうでなければ、メディアを通じて得た「情報」に飛びつくということであろう。

要するに、子どもや若者は、〝絶対的な意味で〟職業（仕事）をよく知らないのである。試みにゼミの学生などに親の仕事について聞いてみても、学生たちの対応はしどろもどろ。会社名は言えたとしても、具体的な仕事内容を言える者はほとんどいない。

それでも、キャリア教育に促されて、「やりたいこと（仕事）」を見つけようとすれば、それは、イメージ先行型の〝憧《あこが》れ〟に近いものになるか、〝出合い頭〟に近い選択になってしまうのではなかろうか。専門学校が得意とするような、きらびやかなカタカナ職業に高校生の人気が集まったりするのは、こうした事情を抜きにしては理解できないことのように思う。

◆仕事や職業についての理解が先

結局、僕が言いたいのは、大学生も含めて子どもたちに「やりたいこと（仕事）」を見つけさせたとしても、その選択の根拠は、ずいぶんと〝底の浅い〟ものになる可能性が強いということである。

そんなことをするくらいであれば、子どもや若者には、現在の日本の産業構造がどうなっていて、職業構成がどう変化し、実際の職場における労働（仕事）の実態が、いかなる状況にあるのかといった、職業や仕事についての理解を深める学習に力を入れることを薦めたい。もちろん、そこには、グローバル化した経済環境のもとでの日本経済のポジションについての理解なども入ってくる。

要は、イメージ先行やメディアの情報を鵜呑《うの》みにして獲得したのかもしれない「仕事」像をいったんは崩したうえで、多様な選択肢の存在に気づく必要がある。「やりたいこと」を考えたいのであれば、そうした広い意味での「社会認識」に基づく豊かな「土壌」を先に形成してほしいということである。

個人的な提案ではあるが、流行りのキャリア教育が、〈「やりたいこと（仕事）」の選択→その職業（仕事）について調べ学習〉といったベクトルでの段階論に立っているとしたら、そんなことはすぐにもやめたほうがいい。そうではなくて、「やりたいこと」探しと、さまざまな職業（仕事）調べとは、同時並行的に、相互に影響を及ぼしあうように取り組まれるべきであろう。

職業（仕事）についてのいろいろな選択肢を知り、そのどれかに興味を持つ。そうしたら、その職業（仕事）について深く調べてみる。その結果、違うなと思ったら、また別の選択肢について興味を寄せてみる。そうしたら、今度はその職業（仕事）について……。求められるのは、こうした学習の繰り返しであり、「自己理解」と「職業理解」との往復関係をつくりあげることである。

結果として、在学中に「やりたいこと（仕事）」が決まらなくても構わない。「専門職（専門的職種）」に就きたいのであれば、ある時点で決めておく必要があるかもしれないが（――それだって本当は新卒時点ではなく、途中からの参入も可能なのだが）、それ以外の若者にとっては、困ることなんてない。むしろ、決めていなくても、いろいろな選択肢（仕事）について理解していることのほうが決定的に重要である。

＊そうは言っても、職業（仕事）調べなんて、どうやったらいいのかわからないという人もいるかもしれない。でも、大丈夫。

たいていの学校の図書館や進路指導室には、「なるにはＢｏｏｋｓ」（『弁護士になるには』といった職業紹介の本が一五〇点ほど刊行されている。ぺりかん社刊）などのシリーズが置かれているので、気になる職業の本を手に取ってみればいい。また、とりあえずの取っ掛かりがわからないという人は、先に紹介した村上龍の『13歳のハローワーク』をパラパラと眺めてみるのも手かもしれない。大切なのは、すぐに〝決め打ち〟するのではなく、いろいろな職業（仕事）に興味を持ってみることである。

◆働いていく自分の「軸」

そういう意味で、「自己理解」と「職業理解」との往復的な学習の結果見えてくる、子どもや若者の「やりたいこと」は、必ずしも特定の職業や仕事という次元に落とし込まれる必要はない。

技術系なのか、事務系なのか、広い意味での対人サービスなのかといった「方向感覚」と、自分が働いていくうえで何を大切にしたいのか、何をやりとげたいのかといった「価値観」が、大まかにつかめれば十分である。

もちろん、実際に働いてみる前にすべてがわかるはずはないのだから、そうした「方向感覚」や「価値観」は、その後変化してもよい。年齢が低い時期には、大きく変化するかもしれない。しかし、それでも高校生や大学生くらいになれば、そうした変化は、ある程度の〝幅〟に収まるようになるだろう。そうしたぶれない「軸」をつくること、根っこにある自分の「軸」をつかむことが重要なのである。

若い人のなかには、具体的な職業や仕事という次元で、自らの「やりたいこと」を見つける人もいるかもしれない。それが、場当たり的な〝決め打ち〟ではなく、自己理解と職業（仕事）理解との豊かな往復関係をもった学びの成果であるならば、それはそれで大いに尊重すべきである。そうした形で「やりたいこと」を見つけることが、その後の学習や行動へのモチベーションを高め、本人の努力や成長を促すであろうことは言うまでもない。

ただ、そうした場合でも、彼または彼女が〝なぜ、その職業（仕事）をやりたいと思うのか〟の根っこに存在するもの、人を支援したいとか、コツコツと物事を地道にやり遂げることに満足感を感じるとか、といったより深いレベルでの「価値観」については、十分に意識化しておいたほうがよい。これは、先に述べた自分の「軸」とも重なる。「軸」をもって特定の職業（仕事）をめざすのであれば、たとえその職業（仕事）に就くことができなくても、困ってしまうようなことにはならない。大切なのは、職業（仕事）それじたいではなくて、自分の「軸」に基づく価値観を実現することであると気づけるはずだからである。そして、そこに気づけば、職業（仕事）の選択肢は、他にも現れてくる。

◆「キャリア・アンカー」と「キャリア・アダプタビリティ」

ここで述べてきたことをキャリア研究の世界に引き寄せると、ほぼ「キャリア・アンカー」と「キャリア・アダプタビリティ」という概念に通じる。

キャリア・アンカーとは、個人の職業生活における「錨《いかり》」のポジションに位置づくものであり、転職を繰り返したとしても、その根っこで通じている価値観のようなものを指す。この本で「軸」とか「価値観」と表現したものである。

他方で、キャリア・アダプタビリティとは、職業生活上の変化への適応力――言ってしまえば、〝いざという時〟へのレディネス（準備）と対処能力のことである。ここで言えば、「やりたいこと（仕事）」至上主義に基づいて〝決め打ち〟をするのではなく、一定の「方向感覚」のなかで柔軟に選べばよい、という議論と重なる。

アンカーとアダプタビリティは、相互に矛盾するものではない。アンカーがしっかりしていればこそ、個人は安心してアダプタビリティを発揮することができる。逆に、実際の職業生活においては、柔軟なアダプタビリティがあってこそ、個人は自らのアンカーを大切にして働いていけるのである。

プロローグで紹介した卒業生たちのことを思い起こしてほしい。彼らは、転職も厭《いと》わない多様な働き方をしてきたという点で「キャリア・アダプタビリティ」を発揮してきた。同時に、注目しておきたいのは、彼らの雇用形態や働き方じたいではなくて、自分が何を実現したいのかという「キャリア・アンカー」を彼らが固めつつあるように見えることである。

個人のキャリアの駆動力となる、こうした次元のことを考えれば、「やりたいこと（仕事）」という表面上のことに拘泥する「俗流キャリア教育」は、ずいぶんと〝上っ面〟を撫《な》でていることにならないだろうか。

＊キャリア研究の世界にどんな理論や考え方があるのか、興味のある方は、少々難しいかもしれないが、渡辺三枝子編著『新版・キャリアの心理学』（ナカニシヤ出版、二〇〇七年）を手にとってみてほしい。

◆夢を追うこと、現実と折り合いをつけること

さらに、僕がいま流行りのキャリア教育に違和感を持ってしまう点として、それが「やりたいこと」探しには熱心なのに、その「やりたいこと」が実現可能かどうかについての探求（判断）は、基本的に個人に任されている（ように思われる）ということがある。

これは、もちろん〝微妙な〟問題を含んではいる。〝おまえは、「夢」を持った生徒や学生に対して、その将来の「可能性」を最初から見限っておけとでも言うのか〟といった非難の声が飛んできそうでもある。

なかなか悩ましい。しかし、こんな話もある。数年前に聞いた、学区内では中堅より下の「課題集中校」とでも呼ぶべき高校に勤務する先生の話だ。

その高校では、その時点で高三になった生徒たちが一年生の時から、キャリア教育に熱心に取り組んできた。その結果、生徒たちは「夢」や「やりたいこと」を語るようになり、学習や学校行事などへの意欲も見せるようになったという。しかし、高三の夏、いざ蓋を開けてみると、就職希望者に対する求人数は激減し、空前の就職難の状況にあ

った。

先生たちにできることは、生徒の夢も希望も斟酌《しんしゃく》せず、とにかく学校に来ている求人に生徒たちを押し込んでいくだけ。それでも決まらない生徒が多数残る。いや、自分の希望を優先して、学校斡旋《あっせん》の就職ルートには乗ろうとしない生徒もいた。

「結局、彼らは、夢追い型のフリーターになっていくしかないのでしょうか」

話を聞いていて、胸が痛くなった。と同時に、僕は「キャリア教育って、結局、何だったんでしょうね」と、その先生から問い詰められているような気がした。


この高校の先生の話は、キャリア教育のあり方を考える際の核心的な問題を突いている。「俗流キャリア教育」に対する痛烈な〝疑問〟でもあるだろう。

悩ましいところではあるのだけれど、結論的に言ってしまおう。

僕は、キャリア教育には、生徒に「夢」や「やりたいこと」を見つめさせ、目標に向けた努力を促すという役割と、生徒の希望と「現実」との〝折り合い〟をつけさせる役割という、二重の役割があると考えている。いわば、生徒の希望や向上心を〝炊きつける（加熱する）〟役割と、それを適切に〝冷却して〟「現実」に着地させる役割である。

なんと「冷酷な」と思われるだろうか。

誰《だれ》だって「加熱」の役割は喜んで引き受けるが、「冷却」の役割はそうではない。嫌われ者にはなりたくないから。しかし、それでいいのだろうか。

これが進学指導の場面であったら、目の前には「入試」という現実があるので、校内試験の成績や予備校の模擬試験の結果といった「客観」的な基準に照らしながら、教師は、生徒の志望を「現実」に着地させる指導にも取り組むだろう。そこにはなんら〝後ろめたい〟感覚はない。しかも、現在の入試は、基本的には〝売り手市場〟の状態にある。

しかし、これが生徒の「将来」の希望にかかわるキャリア教育の場面となると、様相が変わってくる。状況は〝買い手市場〟である。にもかかわらず、ことは「将来」のことであるし、客観的な判断基準なども存在しない。いきおい、生徒の希望や「やりたいこと」が最優先されていくのではないか。

◆「やりたいこと」「やれること」「やるべきこと」

「やりたいこと」最優先のキャリア教育で、本当に大丈夫なのか。

そもそも、生徒の「やりたいこと」の選び取り方に問題があるかもしれないという点は、すでに述べた。そこがクリアできていたとしても、将来、やりたい仕事にはつけないかもしれない。その「リスク」についてきちんと気づかせ、そうした事態への対処方略についても考えさせておくことが、本来の教育ではないだろうか。

先に論じたように、職業や仕事の次元での希望よりも、もっと根っこにある「価値観」や自分の「軸」を明確にしておいた方が、いざという時には「切り替え」もできる。そうした働きかけや取り組みを強めていくことが、非常に大切であろう。

そのうえで、ここでは、もうひとつ別の提案をしておきたい。

図2に示したように、若い人たちには、日頃から「やりたいこと」だけに注目するのではなく、自分の「やれること」、現在の社会のなかで「やるべきこと」を意識してほ

図2　進路を考えるのなら

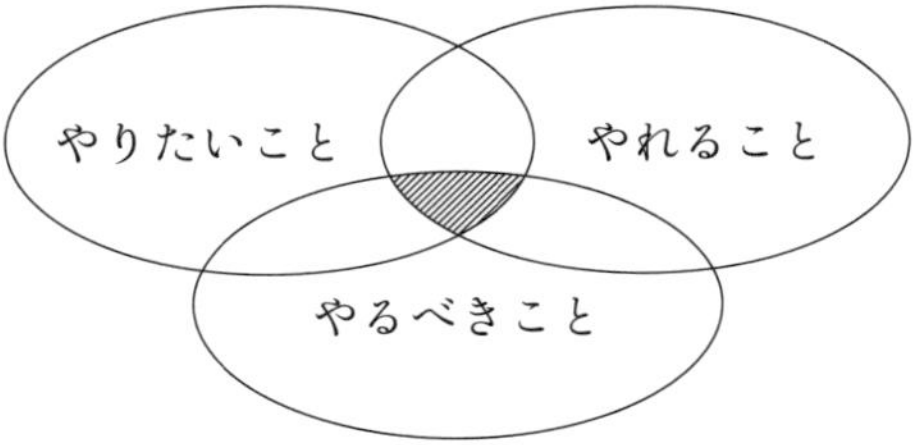

しい。「やれること」は、言うまでもなく個人の能力や適性の問題である。では、「やるべきこと」とは何だろうか。
人が仕事をするとは、個人が好きなことをして、自己実現をめざすという側面だけで成り立っているわけではない。仕事には、社会的分業のなかでどこかの「役割」を引き受けるという側面がある。
だからこそ、就労はひとつの社会参加のルートなのである。社会全体の観点から見れば、さまざまな業界や業種、いくつもの種類の仕事が分業関係を結んでいるからこそ、この社会は円滑に動いている。ひとつの会社組織であれば、それぞれの部署がそれぞれの役割を引き受けているからこそ、会社が機能していく。
現在の社会において、何が「やるべきこと」なのか、どこに課題があるのかを考えることは、子どもや若者の職業（仕事）選択の際の視点となってよい。若い人たちには、働くとは、自らの仕事を通じて社会に参加し、貢献することなのだという意識を強く持ってほしいと思う。

そして、現実問題としても、「やるべきこと」の周辺には、職（求人）は豊富に存在しているのが常である。

職業選択をする際、「やりたいこと」「やれること」「やるべきこと」という視点のバランスを考え、その三者が交わるところで進路決定をすれば、その実現可能性は格段に高まるだろう、と僕は考えている。

しかし、「俗流キャリア教育」においては、どうなのか。「やりたいこと」の視点だけが〝上滑り〟しているように感じるのは、僕だけだろうか。

◆僕からの提案

最後に、若い人たちに意識してほしいことをまとめておこう。

学校におけるキャリア教育では、「やりたいこと」が重視されすぎているかもしれないと、一度は疑ってみよう。「やりたいこと」を明確化することの意義は否定しないが、その前にやっておくべきことがある。

働くこと、産業、職業、労働の現実については、〝これでもか〟というくらい知っておいてよい。情報化が進んだ今日では、必要な情報へのアクセスにはさほど困らないはずである。さまざまな仕事をしているロールモデルと、情報媒体を通じて、あるいは直接的に出会うのもいい。そうした学習や経験と、自己を見つめる作業の往復のなかでこそ、現実味を持った「やりたいこと」が見えてくる。しかも、それは「やれること」「やるべきこと」とのバランスのなかでつかまれる。

また、「やりたいこと」は、必ずしも具体的な職業や仕事の次元に落とし込まれなくてもよい。自分が働くうえで大事にしたいこと、実現したいと思うこと、自らの「価値観」や「軸」を掘り下げておけば、いざ仕事をする際には選択肢はいくつも広がってくるはずである。

2 「職場体験」って意味があるの？

◆一〇〇％に近い実施率

小・中・高校時代に実際にキャリア教育を受けたことのある若い世代に対して、「これまでに受けたキャリア教育で、いちばん印象に残っていることは？」と尋ねたとしたら、その答えは、おそらく一〇人中九人まで「中学校での職場体験」に集中するにちがいない。現在のキャリア教育においては、職場体験が大流行である。

実際、国立教育政策研究所生徒指導・進路指導研究センターの調査によれば、全国の公立中学校における職場体験の実施率は、九六・九％を誇る。公立高校におけるインターンシップの実施率は、七七・二％である（「平成二三年度職場体験・インターンシップ実施状況等調査」二〇一二年）。

実は中・高の違いは、見かけの数値の差よりも大きい。中学校では職場体験に全員が参加することが原則であるが、高校では希望者のみが対象である。それゆえ、高校生の中でインターンシップに参加したことのある生徒の比率は、全体の二九％にすぎなくなる。中学校における実施が、いかに〝突出〟しているかがわかるだろう。

職場体験（インターンシップ）は、現在の「俗流キャリア教育」における〝看板〟の取り組みである。しかし、はたしてその内実はどうなのか。

職場体験という体験学習そのものに意味がないとは思わない。しかし、現在のように、職場体験にさえ取り組んでいれば、キャリア教育をしているのだと現場の教師までもが思ってしまいかねないありようは、どこか〝いびつさ〟を含んでいないだろうか。ここでは、こうした問題について考えてみたい。

◆職場体験とインターンシップ

本題に入る前に、ひとつだけ用語の整理（解説）をしておく。

中学生が取り組むのが「職場体験」、高校生や大学生が取り組むのが「インターンシップ」――文部科学省の用語法では、こう使い分けることになっている。

では、職場体験とインターンシップとは、同じなのか違うのか。実施する学校段階が違うのはそのとおりとして、内容も異なるのか。今どきの若者の中には、この両者を体験したことがある者も少なくないと思うのだが、当事者であっても、このあたりのことは理解（意識）していないのではないか。

実は、職場体験とインターンシップとは、ちがうものである。少なくとも文科省が定めた用語法においては。

「職場体験」とは、働くことや職業・仕事について体験的に知り、自らの将来の進路や職業を考えるための「啓発的経験」である。言ってしまえば、刺激を受けることを目的とした活動である。

これに対して、「インターンシップ」とは、在学中に学んでいる専門とかかわって、職業的な知識やスキル、働き方などを学ぶ体験学習である。言ってみれば、「（職業）実習」的な要素が強い。

ただし、ここからがややこしい。実際には、文科省の用語法に厳密に当てはまるようなインターンシップに取り組んでいるのは、高校で言えば、工業科、商業科、農業科などの専門学科、大学では理系の学部くらいである。高校の普通科および大学の文系学部の生徒・学生がやっているインターンシップは、レベルは違うかもしれないが、その性格は中学生の職場体験と変わらない。

だから、実態としては職場体験とインターンシップとは区別がつきにくく、連続してしまっているのである。その意味では、用語を区別する意味は、現実には存在していない。

◆なぜ、中学校での実施が突出したのか

さて、簡単に済ませられる問題から入ろう。

日本のキャリア教育の展開においては、なぜ、中学校での職場体験だけがことさらに普及したのか。

ちなみに、「キャリア教育の理論」という教科書があったとしても、そこには、職場体験（インターンシップ）は、中学校段階で集中的に取り組むのがふさわしい、などとは絶対に書かれていないはずである（笑）。何が書かれているかと言えば、中・高・大と積み重ねられていくのが望ましく、学校段階が上にあがるほど手厚く実施されるべきである、といった内容になろう。

しかし、日本の現実は、これとは真逆である。なぜ、そうなったのか？

実は、これには明快な答えがある。

身も蓋もない話になってしまうが、文部科学省が中学校への職場体験の導入に〝血眼になって〟取り組んだからである。第1章で触れた「若者・自立挑戦プラン」（二〇〇三年）に基づく「キャリア教育総合計画」のなかで、文科省はすでに、中学校における職場体験の導入を積極的に位置づけ、その推進のための地域・学校の研究指定などを行っていた。

その後のプロセスにおいては、「全国の中学校すべてで、五日間連続の職場体験を行う」という基本方針が示され、早くも二〇〇五年には『中学校職場体験ガイド』を刊行した。各中学校に対する「指導・助言」を通じて、実際に職場体験の導入を迫ったのは、市町村の教育委員会であるが、その背景にはこうした文科省の強い姿勢があったことを看過すべきではない。

◆高校でのインターンシップは？

同じ時期、高校に対して文科省は、インターンシップの実施が望ましいという「指針」は、事あるごとに示していた。しかし、中学校に対するのと比較すれば、その押し出し方は弱かった。しかも、希望者ではなく全員参加が望ましいといった見解も、中学校のように「五日間連続」での実施を標準とするといった方針も出されてはいなかった。

その差が、結果としては高校現場の出足を鈍らせ、中・高の間での実施率の差、そして参加率の圧倒的な〝格差〟を生み出したのである。とはいえ、近年では文科省の政策も、高校でのインターンシップ実施をより強く迫るようになり、高校での取り組み率も上昇しつつあるのであるが。

考えてみれば、こうした中・高での取り組みの実態は、キャリア教育の「体系」や「系統性」という観点から考えれば、きわめて〝異様〟である。

中学生の時にはほぼ全員が職場体験に取り組むにもかかわらず、高校生になると三割弱になってしまう。逆であるならまだしも、これでは職場体験（インターンシップ）において、学習や経験の〝積み上げ〟や〝発展〟を期待することはできない。子どもや若者の側から言えば、中学の時のせっかくの体験が、その後の体験を通じて咀嚼《そしやく》されたり、意味づけ直されたりする機会がない。つまりは、体験での学びが根づきにくいのである。

＊ちなみに、大学生のインターンシップは、今でこそ単位化されて大学の授業の一環として行われるものも増えてきたが、多くは、就職活動をにらみながら、学生たちが自主的に企業等に応募して行う活動である。人気企業のインターンシップの場合には、選抜も行われて、かなりの倍率になることもある。
ただ、その内容は企業等によって千差万別で、その会社の社員と同じ仕事に従事する場合もあれば、単なる雑用に終わることもある。学生だけが集められて、会社から

与えられた課題にグループワークで取り組むこともある。そういう意味で、日本の職場体験（インターンシップ）は、中・高・大とバラバラで、教育としての系統性に欠けている。ただ、これについて述べると複雑になりすぎるので、以下では大学生のインターンシップについては触れないことにする。

なお、公的な統計はないが、「二〇一四年卒マイナビ大学生・広報活動開始前の活動調査」（二〇一二年）によれば、学生のインターンシップ参加率は、三二・一％である。

◆職場体験の教育的な効果

少しばかり話が先走ってしまったので、元に戻そう。

職場体験にしてもインターンシップにしても、では、現に行われているそれらの体験学習は、キャリア教育としての十分な効果を上げているのだろうか。

ここでは、高校の専門学科などにおける「職業実習」的なインターンシップについては、除外して考えることにしたい。というのは、そうしたインターンシップは、専門教育全体のなかに有機的に組み込まれていると想定できるからである。したがって、問題としたいのは、中学校および高校の普通科における職場体験（インターンシップ）である。

職場体験（インターンシップ）に関して、教育を実施する側からの効果の検証は、実はさまざまに行われている。しかし、総じて効果を測定するスパンが短いという弱点がある。つまり、こんな感じだ。――職場体験の事前と事後に、生徒たちに「自己効力感」や「進路意識の成熟」といった尺度を測るテストを受けてもらい、その数値を比較する。たいていの場合には、職場体験の実施後のほうが実施前よりも数値が伸びている。よって、「めでたし、めでたし」というわけである。（少々、戯画化している点をお許しいただきたい。）

しかし、こうした効果測定では、職場体験の直後に伸びた数値が、生徒のなかにきちんと定着し、その後も維持されているのかどうかはわからない。半年後には、数字が元に戻っているということも起こらないわけではない。

表2は、労働政策研究・研修機構が、全国の二〇代半ばの若年者を対象として、彼らが中学・高校時代に受けたキャリア教育をどう評価しているのかを探ろうとした調査結

表２

中学時代に将来の進路や職業について学習したこと　　高校時代に将来の進路や職業について学習したこと

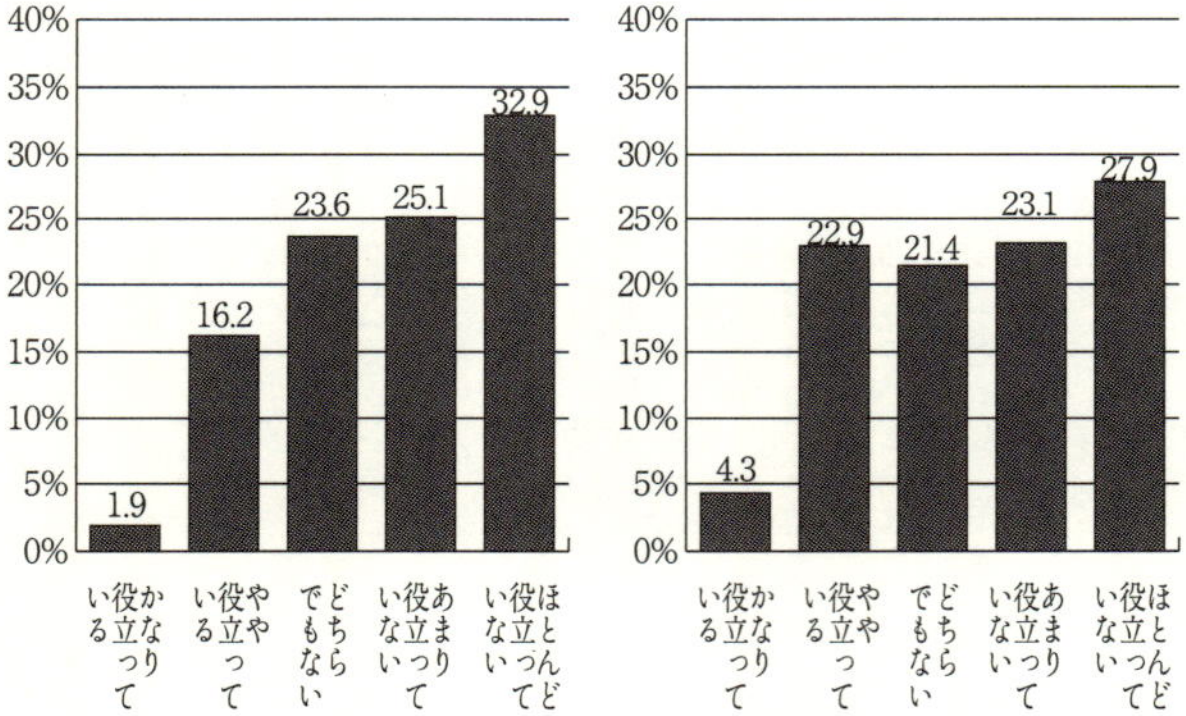

（回答者は 23～27 歳の若年者 3917 名）

果の一部である（『学校時代のキャリア教育と若者の職業生活』二〇一〇年）。

　この年代の若者は、ちょうど日本においてキャリア教育が盛んになりはじめた時期に中・高の教育を受けた世代にあたる。また、「将来の進路や職業について学習したこと」を聞いているので、職場体験（インターンシップ）に限った回答ではないことにも注意が必要である。

　それにしても、自分が受けたキャリア教育が「役立っている」と答える若者は、「かなり」と「やや」を足しても、中学時代のそれについては二割弱、高校時代でも三割弱しかいない。これが現実である。

「仮に」の話をしても仕方がないのだが、しかし仮に、職場体験（インターンシップ）についてだけ聞いたとしても、それほど違わない数字になるのではなかろうか。

このことを、どう考えればよいのだろう？

◆「体験」の着地するところ

実際に、職場体験に行って来た直後の中学生たちに話を聞いてみると、職場体験が彼らに対してそれなりのインパクトを与え、さまざまな〝気づき〟や〝考えさせられる〟経験をもたらしたことがうかがえる。

ではなぜ、それが彼らのなかに定着し、後々にまで影響を与えないのか？

答えは、実は単純なことであると、僕は考えている。

職場体験が「一過性のイベント」になっているからである。さらに言えば、「体験」の内容も、それこそ〝受け入れ先〟しだいで相当に違うのである。保育園に行く場合のように、保育士さんがするのとほぼ同じ「仕事」を体験できることもあれば、工場などに出かけていく場合のように、工程全体の様子を観察することはできても、実体験としてはごくごく補助的な作業に従事するだけのこともある。あるいは、農村地域の中学校のように、農協の店舗などに出かける生徒以外は、ほぼ全員が何らかの農業体験に従事するようなことだってある。

したがって、職場体験は「体験」させるだけではダメで、それを意味づけるための振り返りや補充的な学習を必要とする。〝仕事をしてみる〟という体験だけが目的であるならば、やりっ放しでもいいかもしれない。それでも、勤労の大変さやきつさ、逆に、おもしろさといったことはわかるだろう。しかし、職場体験を通じて、職場における仕事の流れや社会的分業の中でのその仕事のポジション、その職業の将来性や直面している課題、働いている人の労働条件といった点にまで関心を広げ、「職業（仕事）理解」につなげていくためには、事前および事後の学習指導が不可欠である。これがないと、「体験」は直後のインパクトは強くても、いずれはイベント的な思い出に〝風化〟してしまう。

ところで、学校によっても異なるのだが、中学校での職場体験への取り組みは、およ

どの シゴトにするか
決めた??
?!

表3　中学校における職場体験学習（例）

［事前指導］	○体験先の決定 ○下調べ、質問事項などの確認 ○マナー指導、注意事項の徹底	計4時間
［職場体験中］	○体験記録の記入	5日間
［事後指導］	○体験レポートの作成、お礼状の送付 ○体験発表会	計4時間

そ表3のようなかたちが〝標準〟であろう。

高校の場合には、夏休み中などに希望者のみを対象に行うので、事前・事後指導には授業時間を使うこともなく、もっと〝簡潔〟（悪い意味で！）になっているだろう。中・高ともに、それぞれどれくらいの時間を費やすかは、それこそ学校によるが、多めに見積もってもそれほどの時間数にはならない。（もちろん、学校の側からすれば、それだけの時間を捻出《ねんしゅつ》するのでさえ、実際には大変なことなのであるが。）

こう考えれば、現在のキャリア教育では、職場体験（インターンシップ）を実施しても、生徒たちがその体験を十分に〝咀嚼〟し、自らの〝気づき〟を発展させ、それを〝認識〟にまで高めていくための時間は、十分に確保されていない。言ってしまえば、せっかく体験学習を実施しても、それを意味（効果）あるものにするための〝着地〟場所が用意されていないのである。

◆では、どうすれば?

もちろん、いま述べた指導時間の不足は、職場体験およびその事前・事後指導に費やす「直接的な」時間のことである。そして、この時間を飛躍的に充実させることは、現在の学校の教育課程を前提とした場合には、それほど容易いことではない。

しかし、打てる手がないわけではない。

端的に言えば、職場体験(インターンシップ)への広い意味での準備となるような学習活動、職場体験での気づきや学びをその後に深められるような学習活動を、学校の教育課程全体のなかに編成できればよい。各教科、特別活動、道徳の時間などには、それぞれの学習や活動のねらいを損ねることなく、そうした目的に沿う学びや活動が内包されている。それらをうまく活用できれば、「直接的な」事前・事後指導に限定されずとも、職場体験の教育効果を高め、生徒たちの学びや気づきの定着と発展を促すことが可能となる。

表４　総合的な学習の時間

<table>
<tr><th>中１</th><th>中２</th><th>中３</th></tr>
<tr><td colspan="3">人間関係づくり（車椅子・ガイドヘルプ体験、障害のある方の講演）</td></tr>
<tr><td>自然体験Ⅰ
（スキー）</td><td>自然体験Ⅱ
（田植え体験）</td><td rowspan="2"></td></tr>
<tr><td>職業理解Ⅰ
（職場体験）</td><td>職業理解Ⅱ
（企業体験ゲーム）</td></tr>
<tr><td>文化理解Ⅰ
（地元の文化を知る）</td><td>文化理解Ⅱ
（江戸の伝統文化）</td><td>文化理解Ⅲ
（伝統工芸、伝統音楽）</td></tr>
<tr><td rowspan="3"></td><td>上級学校理解Ⅰ
（授業体験）</td><td>上級学校理解Ⅱ
（出前授業）</td></tr>
<tr><td rowspan="2">健康
（薬物防止学習、保健師による講演）</td><td>国際理解
（留学生との交流）</td></tr>
<tr><td>生涯生活（ライフステージの擬似体験）</td></tr>
</table>

この関係は、もちろん逆にも作用する。生徒たちが職場体験を経験しているからこそ、そうした教科等の学習や活動をよりよく理解し、自分のものとすることができるという相互関係も生まれるだろう。これは、第１章２節で「キャリア教育の原点」は、特定の学習活動だけで取り組まれるのではなく、学校教育全体に〝埋め込まれて〟こそ効果を発揮すると主張したことの具体的な姿でもある。

◆ある中学校の挑戦

より具体的なイメージを持ってもらうために、以前に訪問したことのある都内の中学校の事例を紹介しよう。

この学校の生徒たちは、三年間の「総合的な学習の時間」において、表4のような柱のテーマ学習を行う。

さまざまな体験型の学習が組まれているが、これらは時間割上の「総合」の時間だけではなく、夏休みや冬休み中の移動教室なども活用して取り組まれる。職場体験は、言うまでもなく「職業理解」の柱に位置づけられ、中一で事前指導から事後指導までの一連の職場体験を行い、中二ではさらに、企業と連携したビジネスのシミュレーション・ゲームにも取り組む。

かなり豊富な体験型の学習活動が展開されていて、それだけでも注目に値する。ほかの学校が「自己理解→職業理解（職場体験を含む）→キャリアプラン」という〝細い〟筋の取り組みをしているとすれば、この学校の「自己理解」は、「人間関係づくり」という他者との関係を意識し、「健康」やライフステージ（「生涯生活」）への理解を踏まえたものとなっている。

図3　領域と領域をつなぐキャリア教育

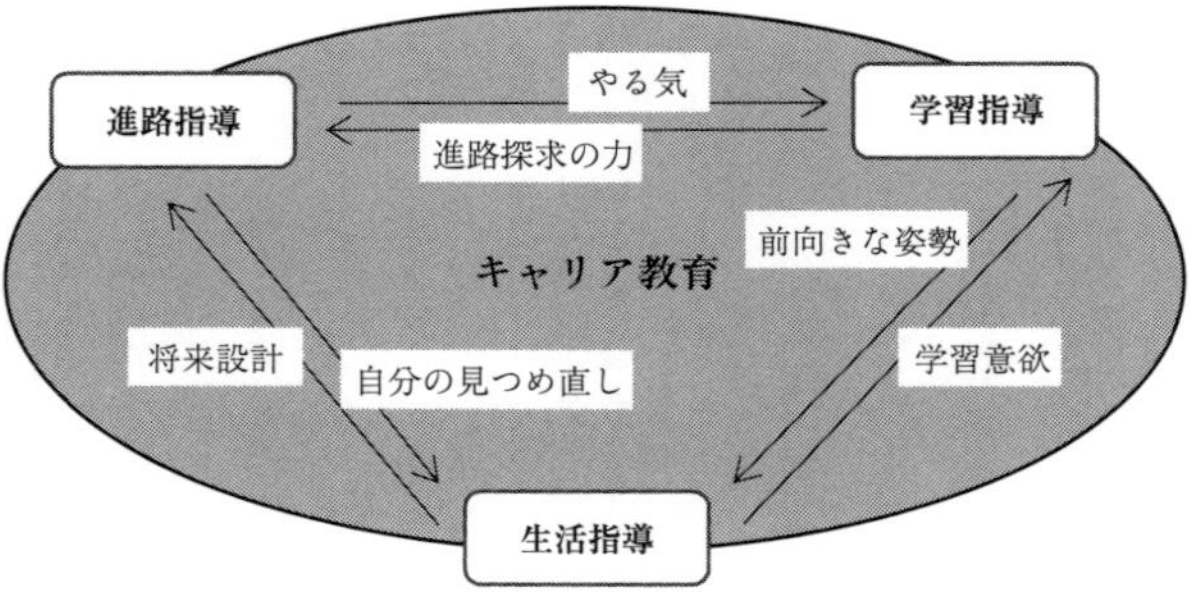

「職業理解」に関しても、「自然」「文化」「国際」理解とのバランスの中で「職業理解」が位置づく。そして、「キャリアプラン」にかかわる「上級学校理解」では、中二では進路選択の基準を考えることをテーマに、中三では実際に進路決定のための判断材料として、高校の授業体験が実施される。まさに〝骨太な〟取り組みがなされていることがわかる。

それにしても、なぜこの中学校は、このような教育課程を組むことになったのか。その鍵をにぎるのが、「キャリア教育」の捉え方である。

この学校では、「学習指導」「生活指導」「進路指導」を相互に結びつける結節点に「キャリア教育」を位置づけている。僕の言葉で表現すると、図3のようになる。

つまり、進路指導、学習指導、生活指導という学校教育の役割が、それぞれに相乗的な効果をもたらすことが期待されており、それらをつないだところに「キャリア教育」が成立すると考えられているのである。だから、狭すぎる「俗流キャリア教育」のプログラムだけが特化されて配置されていたりはしない。もちろん、多様な体験学習と「学ぶ・働く・生きる」ことの学習が、各教科の授業等とどう連携しているのか、そこまでは見えてこないが、しかし、かなり大掛かりな仕掛けで、学校教育全体としてのキャリア教育に取り組んでいることは確かである。

◆なにを学び、どこを参考にできるか?

僕自身の持論とも重なる、この学校の取り組みから学ぶべきことがいくつかある。

キャリア教育における体験学習として、文部科学省はなぜか「職場」体験だけに固執する。本当は、さまざまな自然体験や社会体験が豊かに位置づけられてよいと思うのだが、この学校の「総合的な学習の時間」は、こちらの発想にきわめて近い。本来のキャリア教育は、職業・仕事への準備だけではなく、広くライフキャリアにおける「学ぶ・働く・生きる」ことへの準備を目的とするのだから、そのほうが自然である。

ただし、「職場」体験を無視しているわけではない。生徒たちが、「職場」以外の「自然・社会」体験とのバランスのなかで職場体験を行い、その意味づけをすることができるように工夫されている。

また、「総合的な学習の時間」において、自然体験、職業理解、文化理解といったテーマ群が、単発の学習や体験としてではなく、複数の学年にまたがった学習・体験として配置されていることにも注目したい。同じテーマの学習や体験に学年縦断的に、螺旋《らせん》状に取り組んでいけば、学習・体験内容の生徒たちへの定着は格段に高まると想定できるからである。

◆僕からの提案

この節のタイトルは、「「職場体験」って意味があるの?」とした。

最後にこの問いに答えておきたい。――職場体験(インターンシップ)そのものが無意味なわけではない。しかし、それを意味あるものにするためには、中・高での連携や積み上げも含めて、学校教育全体を通じたキャリア教育のなかに有機的に位置づけられる必要がある。そうではなく、職場体験だけが〝突出〟してしまうような流行りの実施方法では、ただのイベントにとどまってしまうだろう。

ただし、職場体験（インターンシップ）に取り組んだ（これから取り組む）若い人たちには、こうも言っておきたい。

まずは、自分の学校の職場体験先（事業所）のラインナップにだけ目を輝かせるようなことはやめたほうがいい。中学生や高校生にできる仕事なんて実は限られている。どんなにカッコいい職場に行けたとしても、それだけでは思い出にしかならない。その学校の職場体験が〝凄《すご》い〟かどうかは、もっとシブいところで決まる。事前・事後を含んだフォローの体制や学習の機会がどれだけ準備されているかである。そんな点を見抜く目を持っておきたい。

もちろん職場体験を、働くことや職業を考える学びに結びつけていくのは、学校や教師に導かれないとできないわけではない。自らの「体験」を他の場面でのさまざまな学習とつないで考えてみることは自分でもできる。学校や教師に促されなくても、職場体験に行った先の職業（仕事）について、自分で調べてみるのもいい。その職業（仕事）に従事している人のルポルタージュや手記、インタビュー記事なども見つかるかもしれない。それらと自分の体験（実感）を突き合わせてみるだけでも重要な学びになる。

職場体験で気づいたり、発見したり、刺激を受けたりしたことを、記憶のなかに〝痕《こん》跡《せき》〟でもいいので、とどめておこう。それを他のことを学ぶ際にも呼び起こし、自分の中で結びつけるのである。知識を学んでいる時でも、それを体験によって裏打ちできるかもしれない。逆に、知識を手に入れることで、自らの体験を意味づけ直すこともできるだろう。

3 「キャリアプラン」なんて、立てられるの？

◆フランクリン手帳

フランクリン手帳（プランナー）をご存知だろうか。

もともとの由来は、一八世紀アメリカの政治家ベンジャミン・フランクリンが、自らの人生で大事にしたいと思う「美徳」を書き留めていたノートに由来するらしい。今では「フランクリン・プランナー」として商品化されてもいる。僕も使用したことがあるわけではないが、手にとって眺めてみたことはある。

要するに、普通のスケジュール帳と変わらない部分も多いのだが、前段の部分が異なっている。まず、自分の人生において大切にしたいこと、実現したいこと＝「価値観」を記入する。価値観が明確化できたら、それを実現するための具体的な「目標」をいくつか設定して記入する。

次に、それぞれの目標を実現するために必要な「タスク」を細分化する。目標達成までの道筋が、「タスクリスト」を見ればわかるようになる。あとは、個々のタスクを月間目標、週間目標へと落とし込んでいき、最終的には一日ごとの「デイリータスク」を決めるというわけである。

さすがにフランクリンだけあって、「近代合理主義の権化！」「究極のトップダウン型人生設計！」などと、僕だったら揶揄《やゆ》したくもなってしまうのだが。しかし、こうした「手帳」を使用するようになれば、日々を無為に過ごすことなく、効率的に自己の価値観の実現に向けて人生を送ることができるのだろうか？

◆「キャリアプラン」というもの

なぜ、こんな話を持ちだしたかと言うと、学校現場のキャリア教育において、今では〝定番〟のひとつとなっている「キャリアプラン」について考えてみたいからである。

「キャリアプラン」と名づけるかどうかは別として、流行りのキャリア教育においては、「私のライフプラン」「二〇年後の私」「未来年表」といったネーミングのもと、ワークシート等も用意しながら、生徒たちにキャリアプランの作成に取り組ませる実践が盛んに行われている。

そうした取り組みでは、生徒にキャリアプランを作成させて終わるのではなく、作成したキャリアプランをグループ内で発表しあい、友人の発表から何らかの気づきを得ることを促すといった工夫もなされている。「総合的な学習の時間」などを活用して、キャリア教育に曲がりなりにも体系的・系統的に取り組んでいる学校であれば、キャリアプランの作成は、ほとんど〝定番〟メニューになっていると言ってよい。

なかには、「二八歳の私」をイメージさせ、そのことを意識させた学習活動に、カリキュラム全体を通じて取り組んでいる私立の女子校も存在する。女性のライフステージの複雑さに目を向けさせ、仕事、結婚、出産といった人生選択の「岐路」への準備をさせようというわけである。それはそれで、キャリア教育はその学校の〝売り〟となっており、受験生や保護者からも、さらには他校の関係者からも注目を集めている。

＊最近では、キャリア教育に力を入れる私立女子校が増えていて、受験業界では「キャリア三校」といったネーミングまであるらしい。「良妻賢母」は古すぎるとしても、時

代はここまで来ている！

ここまで取り組みが普及した背景には、文部科学省がキャリア教育で児童・生徒に身につけさせたい四つの「能力領域」のひとつとして、「将来設計能力」を挙げていることも影響しているかもしれない（表5。キャリア教育の推進に関する総合的調査研究協力者会議（報告書）『児童・生徒一人一人の勤労観、職業観を育てるために』二〇〇四年）。四つの「能力領域」の提示は、学校現場にはたちまちのうちに普及し、大きな影響力を発揮したからである。

表5　キャリア教育にかかわる諸能力

能力領域	能力
人間関係形成能力	自他の理解能力
	コミュニケーション能力
情報活用能力	情報収集・探索能力
	職業理解能力
将来設計能力	役割把握・認識能力
	計画実行能力
意思決定能力	選択能力
	課題解決能力

（報告書をもとに著者が作成）

しかし、キャリアプランを作成させれば、本当に「将来設計能力」を育てることになるのだろうか。本来は、突っ込んで考えてみるべき論点である。

ただ、それはともかくとして、「キャリアプラン」と言われてもイメージが湧かないという人もいると思うので、参考までにライフプランシートの記入例を載せておく。資料の出所は、（なんともご親切なことに）厚生労働省が、教育現場で活動するキャリアコンサルタント向けに実施する講習用テキストである。このシートの後には「目標設定シート」も掲げられている（表6、7）。（何となく〝やり過ぎ〟という気がしないではないし、高校生がここまで書けるのかと、率直に疑問にも思うのだが。）

◆なぜ、キャリアプランなのか

それにしても、学校現場は、なぜこれほど熱心に「キャリアプラン」に取り組むのか。すぐにでも思いつく学校側のねらいとしては、生徒に将来のことを具体的に設計させることを通じて、「目標」を持たせたいという期待があるのだろう。すでに述べた「やりたいこと」重視ともかかわるのだが、将来の夢や目標を明確にし、そこに至るまでのステップを意識させることで、日ごろの学校生活や学習に前向きに取り組ませようとい

表6　ライフプランシート

分野	年齢	20 歳	30 歳	40 歳	50 歳	60 歳	80 歳
仕事		▲22 歳 就職 ▲28 歳 自分のアイデア製品を発売	▲31 歳 転職 ▲39 歳 係長		▲50 歳 部長	▲60 歳 退職	
家庭		▲28 歳 結婚 ▲29 歳 第 1 子誕生	▲30 歳 クルマ購入 ▲34 歳 第 2 子誕生 ▲39 歳 マイホーム購入				
趣味		▲22 歳 読書記録をつける	▲30 歳 海外旅行 ▲34 歳 ゴルフを始める	▲40 歳 読書記録 1000 冊突破			
社会活動			▲32 歳 育児サポートの会に参加	▲40 歳 街の清掃活動に参加		▲60 歳 介護サポートの会に参加	
身に付けたいこと		▲22 歳 ドイツ語を始める ▲28 歳 簿記資格取得	▲35 歳 ドイツ語検定 3 級取得	▲42 歳 税理士資格取得	▲50 歳 ドイツ語で会話できる ▲58 歳 社会保険労務士資格取得		

表7　目標設定シート

私が将来やってみたい仕事は…	①
上記①の仕事に就くために必要なのは…（勉強、経験、資格など）	②
上記②を身に付けるためにやるべきことは…	③
上記③のための高校卒業後の進路は…	④
①〜④を実現するために明日からやることは？（具体的な目標を設定しましょう）	明日から取り組む今月の目標
	今後 1 年間の目標

うわけである。

確かに、目標のある状態とない状態を比較すれば、ある状態のほうが生徒たちのモチベーションは上がるだろうし、生活や学習にも張りが出るだろう。

現代の若者の意識には、「将来のためには、今を犠牲にしてでもコツコツと努力する」のではなく、「いま、ここの充実を大切にしたい」という「コンサマトリー」な価値志向があると指摘されてきた（千石保『「まじめ」の崩壊』サイマル出版会、一九九一年）。

コンサマトリーな価値志向は、消費文化にはきわめて適合的であるが、学校文化、とりわけ教科等のコツコツと積み上げていく型の学習には馴染《なじ》まない。これまでは「受験」という目標（圧力）が、若者たちのコンサマトリーな価値志向に抗する手段になってきたのかもしれないが、今ではそれも〝底〟が抜けている。

そうであれば、受験のような〝擬似的〟な目標設定ではなく、自分が「将来、どう生きていきたいのか」という人生の本道の目標によって、生徒のモチベーションの喚起をはかりたい。――こう教師たちが考えたとしても、そのことじたいはまっとうな発想であろう。

◆ライフステージ上の諸課題への気づき

また、時間軸の長いキャリアプランを作成すれば、そして、その際には「ワークキャリア」だけではなく、加齢とともに直面することになる「ライフキャリア」上の問題にも目配りできれば、キャリアプランの作成は、生徒たちにとって格好の「人生勉強」になるということも期待できる。進学、就職、転勤や転職、結婚、出産、子育て、親の介護、退職といった、個人のライフキャリア上に訪れるであろう「節目」や「ステージ」、そこで生じうるさまざまな問題や葛藤《かっとう》、課題に気づかせ、自分はそうした節目をどう乗り越え、どう生きていくのかについて、生徒たちにじっくりと考えてもらう機会にするということである。

もちろん、〝まだまだ先のこと〟だから、生徒たちには実感は湧かないだろう。しかし、それでも構わない。〝人が生きていくとは、そういうことなのか〟という感覚が、おぼろげにでもつかめればよいわけである。

実は、「高等学校学習指導要領」（二〇〇九年）は、家庭科の「家庭総合」において、以下のような「内容」について学ぶことを規定している。

(5) 生涯の生活設計
生活設計の立案を通して、生涯を見通した自己の生活について主体的に考えることができるようにする。
ア 生活資源とその活用
生活の営みに必要な金銭、生活時間などの生活資源についての理解を深め、有効に活用することの重要性について認識させる。
イ ライフスタイルと生活設計
自己のライフスタイルや将来の家庭生活と職業生活の在り方について考えさせるとともに、生活資源を活用して生活を設計できるようにする。

通常、キャリア教育と言うと、関連の深い教科や領域としては、社会科や「総合的な学習の時間」を思い浮かべることが多いだろう。それが間違った理解だとは思わないのだが、僕は、キャリア教育という観点から見て、家庭科は非常に有益な教科であると考えている。

上にあげた「生涯の生活設計」という単元の学習のねらいは、キャリアプランの作成の実践とも大きく重なる。両者が連動するような学習がすすめられれば、キャリアプランを作成させる取り組みが持つ教育効果も大きくなるにちがいない。

◆キャリアプランへの僕のためらい

ただ、いま述べてきたような「意義」や教育上の「可能性」を認めたうえであえて言うのだが、僕のなかには、キャリア教育において生徒や学生にキャリアプランを作成させることにはある種の〝ためらい〟がある。それは、先に紹介したフランクリン手帳を初めて手に取ってみた時に、僕自身がかなり〝退《ひ》いてしまった〟感覚とも通じている。

学校教育において、「プランニング型」の発想に馴染む、あるいはＰＤＣＡのサイクル（計画→実行→点検→改善）を回すことにもっとも適しているのは、何より学習の領域であろう。

一例であるが、愛知県のある私立高校は、生徒たちに将来の進路目標を明確にさせたうえで、「年間の学習プラン」を立てさせ、そのもとで「月ごとの学習目標」を設定し、さらに「毎日の学習記録」を付けさせるという取り組みをはじめた。その結果、生徒たちは着実に学習習慣を身につけるようになり、三年後には進路実績を上げることもできたという（詳しくは、『VIEW 21』高校版、二〇一一年九月号、ベネッセ教育研究開発センター、を参照）。

言ってしまえば、フランクリン手帳ばりの「仕掛け」である。進路についての大目標を立てさせ、それをもとにスモールステップの目標を刻み、月および日々のタスクへとブレイクダウンしていく。それが実行しえたかどうかは、毎日の学習記録によって自己点検し、問題点があればそこに気づき、改善していくというサイクルである。

こうしたやり方は、個人的にはあまり好みではない（笑）。しかし、〝好き嫌い〟を度外視すれば、教育の手法としては頷《うなず》けるところもある。なぜなら、志望校合格という

「価値観」は、生徒自身が選択したものであろうし、年間、月間、日々の学習の「タスク」は、努力すれば到達できるものとして設定されているだろうからである。

これに対して、生涯のキャリア、自らの人生をプランニングするというのは、どういうことだろうか。僕の疑問、あるいは〝違和感〟は、相互に関連する二つの点にかかわっている。

① そもそも、将来のキャリアなんて計画できるのか。
② 〝その後の変更もありうる〟前提で計画を立ててみるとしても、プランニングのための基礎となる学習は、十分になされているのか。

◆変化のスピードが速すぎる「未来」

まず、前者から論じよう。

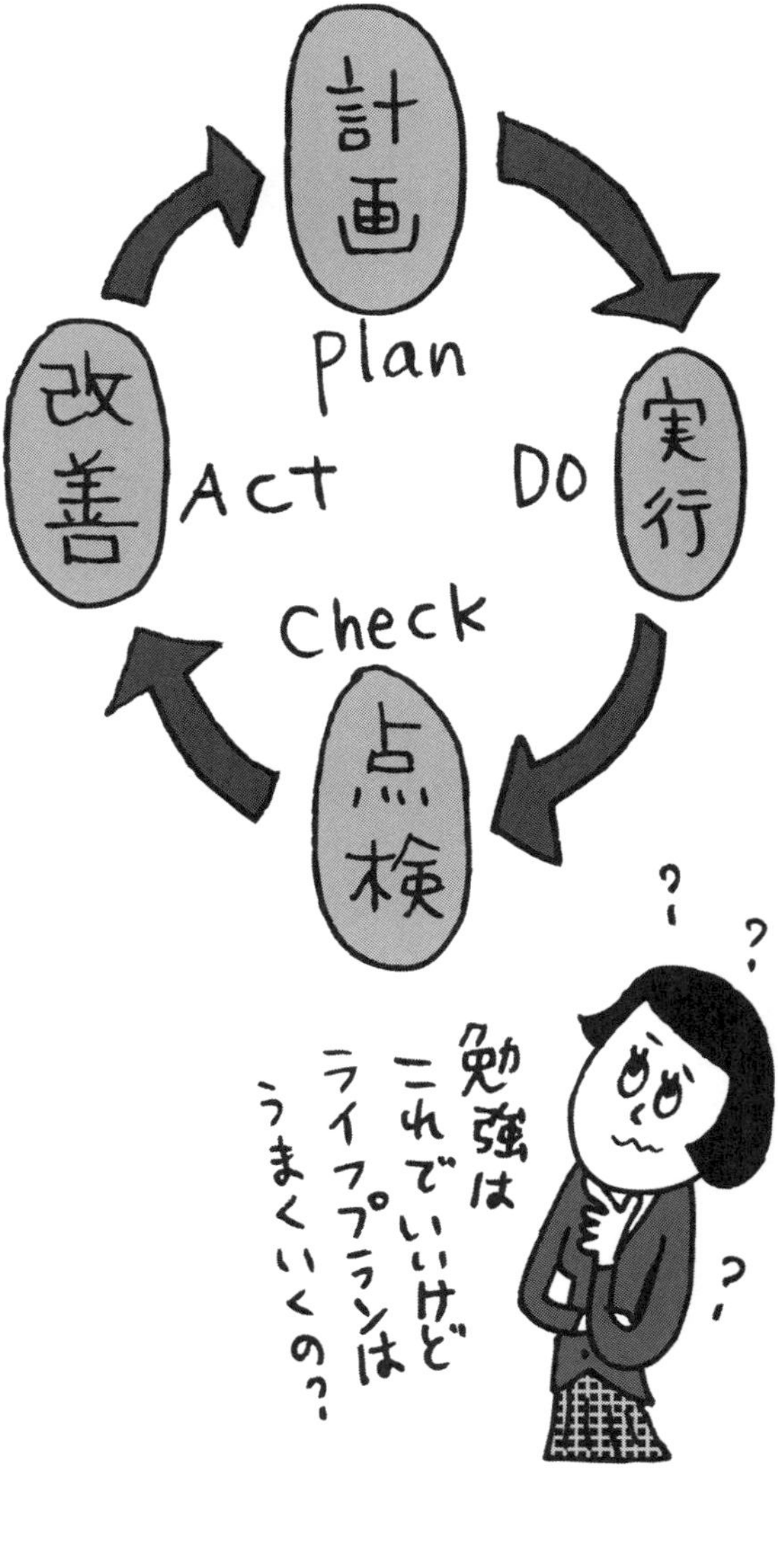

計画
Plan
実行
DO
点検
Check
改善
Act
勉強はこれでいいけどライフプランはうまくいくの？

アメリカのデューク大学の研究員であるキャシー・デビッドソンは、最近、以下のような未来予測を発表して話題を集めた。

「今年、小学校に入学した子どもの六五％は、大学の卒業時、今は存在していない職業に就くことになるだろう。」

この「予測」が、はたして正しいものであるか否かは、少なくとも現時点では誰にも検証できない。だから、〝言った者勝ち〟の世界でもあるのだが、そのことは措《お》いておこう。しかし、デビッドソンの言いたいことは、よくわかる。世の中の変化は、これほどまでに速く、それは職業（仕事）やワークキャリアの領域にまで及んでいるということだ。

早くは、ダニエル・ベル『脱工業社会の到来』（内田忠夫ほか訳、ダイヤモンド社、一九七五年）やアルビン・トフラー『第三の波』（鈴木健次ほか訳、日本放送出版協会、一九八〇年）など、「未来学」と称される書物に描かれた世界と比較しても、〝未来〟ならぬ現在の社会変化のスピードは猛烈に速くなっている。「未来」は、どうあがいても不可視であり、予測不可能である。

こういう時代において、キャリアプランを描くとは、いったいどういうことなのだろう。とりわけ、今はまだ学校に在学している若者が、キャリアプランに挑むということの意味は？

◆プランニング型の発想と「計画的な偶発性」

少し前まで、キャリア研究やキャリアガイダンスの実務の世界では、「キャリアプランニング」の発想が主流であった。

これまでの自分を見つめ直し（キャリアの棚卸し）、「なりたい自分」（目標）を設定する。そのうえで、目標実現のためのプロセスを計画し、必要な資格や能力の獲得に向けて努力する。――こうしたプランニングの発想は、今でも就職や転職といった短期的なスパンに目標が置かれる場合には有効であり、実務の世界においても重宝されている。

しかし、目標が長期的なスパンに及ぶような場合には、どうだろうか。先のような社会変化の激しさのなかでは、目標やそれを支える環境じたいが変化してしまう可能性もある。「プランニング型」の発想は、なかなか通用しにくい。

そこで、実務の世界はともかく、キャリア研究の世界では、J・D・クランボルツの「計画的偶発性」の理論に注目が集まったりもしている。大胆に単純化してしまえば、長期（生涯）にわたる個人のキャリアは、事実としても、けっして「計画」に基づいてのみ歩まれているわけではない。めぐってきた「偶然のチャンスを活かす」ことが、次なるキャリアへの道を開くことが圧倒的に多い、というわけである。

もちろん、その「偶然のチャンス」は、ただ漫然と待っていれば訪れるものではない。それを呼び込むような日ごろの努力（行動）が求められるのではあるが（クランボルツ『その幸運は偶然ではないんです！』花田光世ほか訳、ダイヤモンド社、二〇〇五年）。

プロローグでは僕の卒業生たちのその後の歩みを紹介したが、彼らは全員「プランニング型」の人生などは送っていない。「偶然のチャンス」を活かすということの意味をそこに読みとっていただければと思う。

＊クランボルツの理論を下敷きにして、日本での事例を描いた本に、所由紀『偶キャリ。――「偶然」からキャリアをつくった10人』（経済界、二〇〇五年）がある。興味のある方には、ぜひお勧めしたい。

クランボルツが実施したアメリカの社会人を対象とした調査によれば、一八歳の時に考えていた職業に現在就いている人は、全体の約二％にすぎなかったという。また、彼の著書の翻訳本の帯には、でかでかと「もうキャリアプランはいらない」という文字が躍っている。

こうした状況にもかかわらず、それでも学校のキャリア教育においては、キャリアプランの作成なのだろうか。

もちろん、生徒にキャリアプランの作成を促す教師たちも、それがきわめて精巧な、将来の社会変化にも耐えうる現実性のある計画になっているなどとは夢にも考えていないだろう。それどころか、高一でキャリアプランの学習を組んだとして、そのプランが高三の時点で変化していたとしても、全然構わないくらいに構えているにちがいない。

大切なのは、プランの中身が正確であるかどうかではなくて、目標を設定して、そこに向けて努力することであり、将来のライフステージの諸課題への見通しを持つことなのだから、と。そのことが、学校生活に緊張感を持たせ、学習へのモチベーションの喚起につながるのであれば、万々歳ではないか、と。

◆キャリアプランを作成する前に

そう考えると、そんなに目くじらを立てる必要はないのかもしれない。「これほど変化の激しい時代に、キャリアプランなんて立てられるのか」と大上段に構えるのは、ただの〝野暮〟？

しかし、それでも僕は気になってしまう。ある種の違和感が残る。この感覚がいったい何に由来するのかを考え詰めていくと、結局、行き着くことがある。

それは、キャリアプランを作成する取り組みにおいて、本来、そのために必要となるはずの事前の学習が十分にやられていないのではないかという〝疑い〟だ。（先に示した二つの論点の②にあたる。）

この手の活動に取り組むとき、生徒や学生は本気で自らのキャリアについて考え、自分なりの計画を立てているのだろうか。実は、それができるためには、事前の学習を通じてかなりのことを理解している必要があるのではないか。人のライフサイクル（発達段階）やライフステージ上の諸課題について、給与や勤務条件などの雇用の仕組みについて、失業や転職について、納税や公民権について、結婚や離婚、家族経営について、保険や年金といった社会保障について……挙げていけば、きりがない。

あるいは、戦後の日本人が、それぞれの世代ごとにどのようなライフコースを辿《たど》ってきたのかについては、どうか。これから社会に漕《こ》ぎ出ていく若者たちは、自分たちの親世代と同じライフコースを辿り直すわけではない。若者たちは、現在までの変化の延長線上に、新しいライフコースを創っていく存在である。そうであれば、ただぼんやりと親世代のライフコースを前提に考えるわけにはいかないはずだ。

さらに言えば、社会的な「標準」と見なせるような生き方が成立しえなくなっているのが現在であり、今後は、ますますそうなっていく。とすれば、若い人たちには、現時点で〝多数派〟である人々のキャリアモデルだけではなく、今はまだ〝マイノリティ〟であるかもしれないが、それでも信念や確信を持って生きている人々の〝生きざま〟などにも触れてほしい。若者たちこそが、これからの日本の社会を「更新」していく担い手にほかならないからである。しかし、そうした準備はできているのだろうか？

◆ステレオタイプの再生産？

こうした点についての学習は、キャリアプランの作成いかんにかかわらず、キャリア教育ではぜひとも取り組んでおきたい課題である。

しかし、実際にはどうなのか。キャリアプランを作成する実践において、こうした前提的な認識にかかわる学習は十分に積まれているのだろうか。僕の見立てでは、大方の学校において「そんな（時間的な）余裕はない」というのが〝オチ〟であるように見える。

もしそうだとすると、認識の〝土壌〟を耕しもせずに、キャリアプランという〝果実〟だけを収穫しようとしているのが、現在の実践であることになる。それで、大丈夫なのか。僕が抱いている違和感は、集約してしまえば、この一点に尽きる。

生徒たちは、結局のところ、何の迷いも緊張感もなく、いま現在の日本社会において「フツー」と認識されるステレオタイプにしたがって、自らのキャリアプランを書き込んでいくのではなかろうか。

例えば、男子生徒であれば、家族を養うだけの稼ぎを得る必要があるのだから、（少しは関心を持っている）市民活動などにうつつを抜かしている暇は、やはりないのだろうと考える。女子生徒であれば、（生涯、仕事を続けたい気持ちもあるが）結婚して子どもを産んだら、やはりいったんは仕事を辞めるものだろうと判断する、といった具合である。（僕などは、「なんと、昭和な！」と思ってしまう。そんな「フツー」や「標準」なんて、もはや崩れているのだから。）

生徒や学生の個々の選択の是非を言うつもりはない。決めるのは、あくまで本人である。しかし、そうではない選択肢や現実的な可能性などを思い浮かべもせずに、思い浮かべるためのしっかりとした学習もせずに、これまでに身につけた「経験知」だけで、世間的な「フツー」の基準にしたがうキャリアプランを作成するのだとしたら、それって、いったい何？

◆僕からの提案

最後に、僕自身の基本的な考え方を。

キャリアプランの作成に取り組むのであれば、ワークキャリアの流れにだけ視点を集中させるのではなく、ライフキャリアの問題、それぞれのライフステージで直面することになる問題や課題、仕事と生活をどう両立させ、どう折り合いをつけるのかといった点にも注目することが大切である。

しかし、そのためには、事前の学習が絶対に必要になる。先に、家庭科の学習との連携の可能性に言及したが、それもひとつの工夫であるし、社会科や国語の授業と連動させるという発想もあるかもしれない。

いずれにしても、学校教育全体が、各教科の教育を通じても教科外の活動を通じても、生徒たちに将来の生き方をじっくりと考えさせ、しかも、現状を〝追認〟するだけではなく、多様な可能性や選択肢に気づかせるような、さまざまな素材や機会を提供するものになっていない限り、作成されたキャリアプランは、いかにも〝取ってつけた〟格好のものにしかならないだろう。


若い人たちへ。

キャリアプランを書いたことがあるかもしれない。あるいは、これから書くことになる可能性も。

その時には、自分が描いてみた「人生」が、実は想像しているよりもはるかに多様で豊かな選択肢が存在することすら知らずに、そのうちの〝ごく一部〟をなぞったものになっているかもしれないという可能性に気づいてほしい。

そうした「狭さ」や「殻」をうち破るためには、この社会の現実やそこに生きる人々の〝生きざま〟について、もっともっとよく知り学ぶことが必要だろう。これだけ情報化が進んだ時代なのだから、学校や教師が指導してくれなくても、アンテナさえ張っておけば、自ら学ぶチャンスはいくらでもある。

4 「正社員モデル」の限界

◆フリーターと正社員の生涯賃金

最後に、「俗流キャリア教育」の取り組みにおいて、僕がもっとも問題があると思っている論点に触れておきたい。端的に言えば、キャリア教育の実践が、結局のところ「正社員モデル」を大前提にしているのではないかという点である。

中・高のキャリア教育や大学のキャリア支援の現場において、少し前まで（いや、今でも十分に？）流行っていた（いる）学習資料に、「フリーターと正社員の生涯賃金の差」を示したデータがある。137ページの図4は、ある県の教育委員会の高校教育課が発行した「キャリア教育だより」に載せられたものである。タイトルがいかにも、なのだが（笑）。

実は、この手の「試算」は他にもあって、ネット上を検索すると、大卒の正社員（男性）の生涯賃金＝約三億円に対して、フリーター＝約七〇〇〇万円といった数値も出てくる。

ただ、試算はあくまで試算なので、もう少し手堅いデータを見てみると、正社員と非正社員のあいだには、現時点でグラフ（表8）に見られるような賃金格差がある。これが、生涯にわたって続いていくと仮定すれば、その累積は、確かに億の単位での生涯賃金の格差になるだろう。

さらに、キャリア教育の実践としては、賞与（ボーナス）の有無、社会保険や退職後の年金などにも触れて、正社員とフリーターの「格差」に言及されることも少なくない。あたかも〝フリーターになんてなったら損だ、大変だ〟と言わんばかりの勢いである。

◆若者よ、正社員になろう?!

それにしても、なぜこのようなデータがもてはやされ、正社員とフリーターの「格差」を直視させるような取り組みが流行るのだろうか。

図4

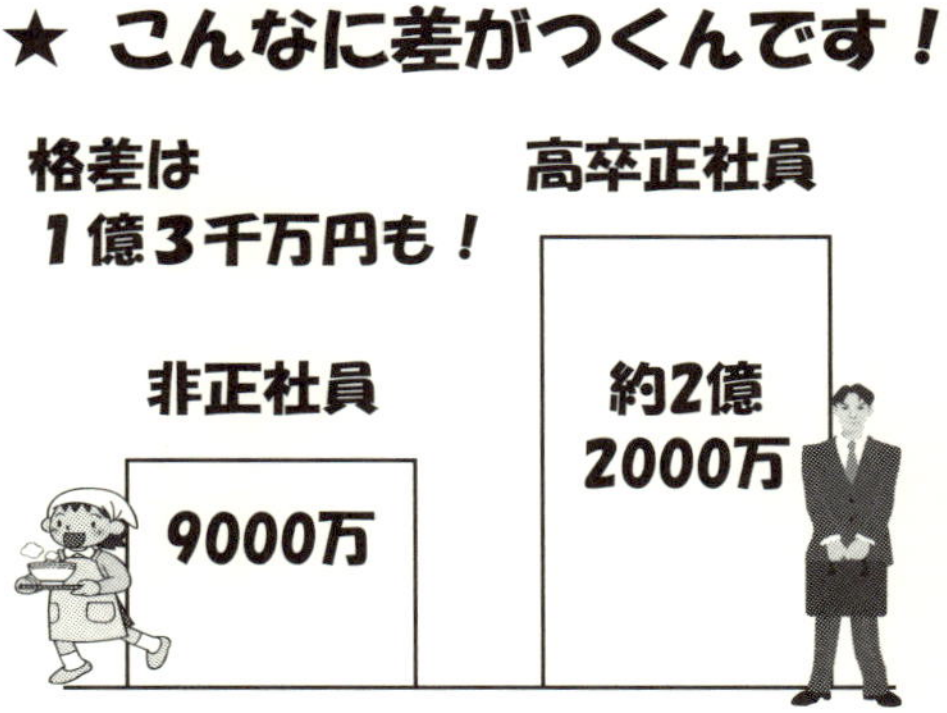

表8　正社員と非正社員の賃金格差

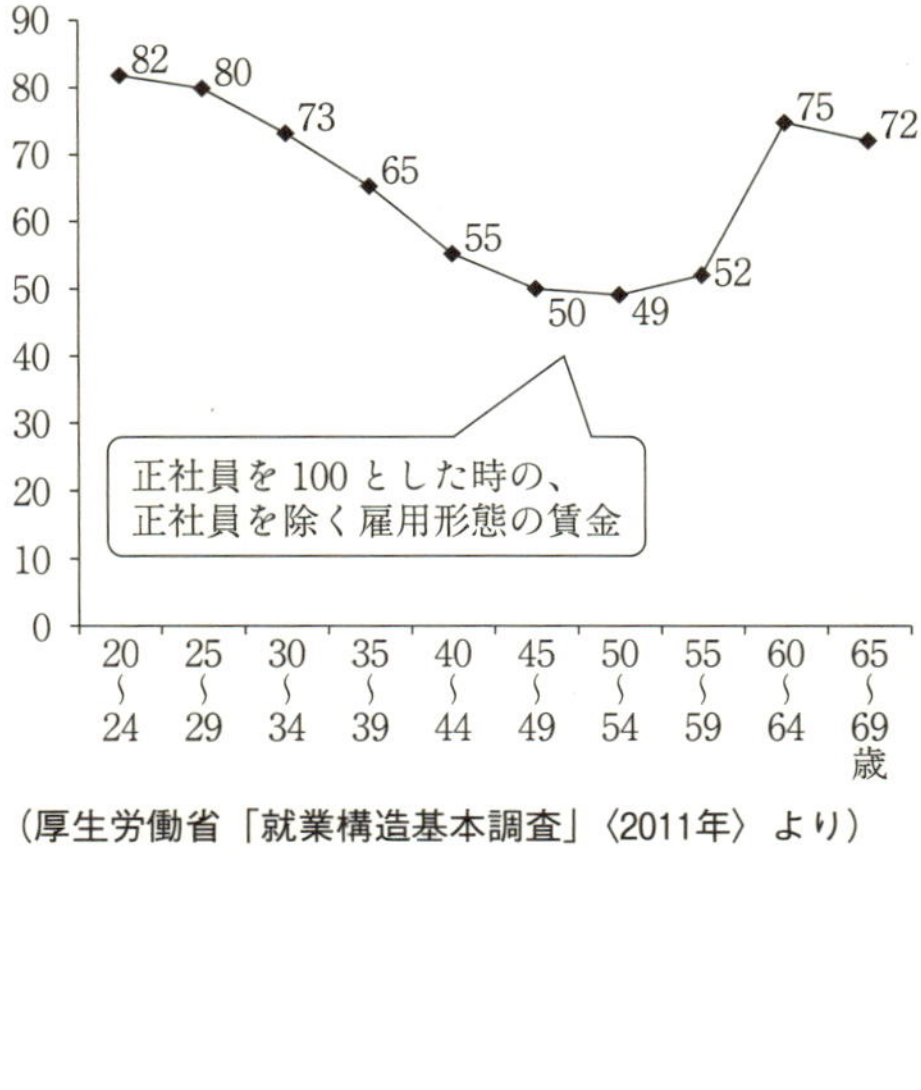

（厚生労働省「就業構造基本調査」〈2011年〉より）

答えは、簡単だ。キャリア教育に取り組む学校や大学の側は、生徒や学生をフリーターにしたくないからである。第1章で述べたように、「若年雇用問題」の深刻化に端を発して登場した「俗流キャリア教育」は、フリーター防止をこそ元々の目的にしていた。「フリーターのほうが気楽でいい」「就職難だし、フリーターでも仕方がない」などと考えるかもしれない若者に対して、まさに「★こんなに差がつくんです！」という事実を突きつけ、フリーターではまともな生活を送るのは難しいかもしれないと悟らせること――これが、この手の取り組みのねらいである。

九州のある私立大学のキャリア支援センターの入口には、一万円の札束を模した山が、二つ並べられているらしい。ひとつの山は、二億九〇〇〇万円相当、もうひとつは、九一二〇万円相当である。言うまでもなく、正社員とフリーターの生涯賃金の差を示したものであるが、センターの職員は、「定職に就かなくてもなんとかなると思っている学生もいる。『札束』で現実を見つめさせたい」と話しているという（「教育あしたへ4」「朝日新聞デジタル」二〇一一年一月一三日配信）。

学生たちは、キャリア支援センターに足を運ぶたびに、この擬似札束の山を見比べることになる。いったいどんな気持ちでそこを通り過ぎるのだろうか。（さらに言えば、今どきの大学は、多数の非正規職員を抱えた職場である。その方々は、いったいどんな思いでキャリア支援センターの前を通るのだろうか。）

こうした取り組みの前提にある「善意」を疑うつもりは、僕にもない。確かに、正規雇用と非正規雇用のあいだにある現状のような賃金や処遇上の「格差」を見れば、「正社員になった方がよい」という理屈はわかる。賃金や処遇だけではなく、就職後に「企業内教育訓練」を受ける機会も、正社員のほうがはるかに恵まれている。

しかし、だからと言って、キャリア教育は「正社員への送り出しモデル」にだけ傾斜していていいのだろうか。そこに〝死角〟はないのか。以下、このことについて考えてみたい。

◆生涯賃金という「指標」の危うさ

まず、「生涯賃金」という指標を持ち出すことについて。

生涯賃金と言われて、高校生や大学生がごく当たり前のように、定年までの四二年間（大卒の場合は、三八年間）の年収を足したものだろう、と素朴に考えるとすれば、そのことじたいが、キャリア教育の〝失敗〟を示していると僕などは思ってしまう。

高度経済成長期に大手の企業に就職し、「終身雇用」に支えられ、かつ「年功序列型」の賃金カーブの恩恵を受けながら「定年」まで勤めた世代のことであれば、それでいいだろう。しかし、現在はどうなのか？

〝七五三〟（卒業後三年以内の離職率が、中卒七割、高卒五割、大卒三割）という数字は、少々〝盛りすぎ〟だとしても、直近のデータでは、卒業後三年以内の新卒者の離職率は、高卒で三六％、大卒で二九％である（厚生労働省「新規学校卒業者の就職離職状況調査」二〇一一年）。もちろん、離職はキャリアの初期にだけ生じるわけではなく、その後も生涯にわたって、本人都合だけではなく、会社都合のリストラ等によっても起こる。

さらに、「初職」が正社員であれば、転職しても必ず正社員になれるわけではない。

確かに、正社員を継続できる可能性は高いが、ざっくりとした統計では、前職が正社員であった者の約三七%は、転職後には非正社員になるという数字もある(総務省「労働力調査」二〇一〇年)。

ダメ押しで付け足せば、年齢とともに年収のカーブが持続的に上がっていくという想定もかなり怪しい。賃金のなかで「成果主義」的な部分が増えているということもあるし、そもそも経済が〝右肩上がり〟ではない以上、賃金の上昇は年功ではなく、時々の会社の業績しだいといった側面も強くなっているだろう。

要するに、正社員とフリーターとの格差の指標として挙げられる「生涯賃金」という想定は、今では、そして今後はさらに、〝机上の計算〟でしかなくなっているのではないのか。

◆「正社員」に頼っていいのか?

もちろん、現在そして今後も、「生涯賃金」モデルが想定するような、終身雇用・年功序列型賃金を安定的に得ていく人も、一定の割合では存続していくだろう。また、多少の転職経験や、非正規で働く期間、正社員でも賃金上昇が見込めない期間を挟むようなワークキャリアを歩んだとしても、それでもずっとフリーターを続けていくよりも「安定的」であるということはあろう。

ただ、そうだとしても、現在のようなやり方――根拠の薄くなった「生涯賃金」想定に基づいて正社員とフリーターとの「格差」を示し、生徒や学生を〝おどす〟というのは、はたしていかがなものか。

こうしたやり方の弊害は絶対にあると思うのだが、ひとつ、僕が非常に怖いと思っている点に、フリーターとの対比で正社員の「安定性」を際立たせるような手法は、生徒や学生のなかに、〝正社員にさえなれれば、大丈夫だ（何とかなる）〟という感覚を植えつけてしまうのではないか、ということがある。

しかし、実際には、何とかならないことが多い。どんな大企業であっても倒産してしまったり、経営危機に陥ったりすることは、いくらでもありうる。現に、希望退職をは

正社員
にあらずんば人にあらず

じめとする人員削減（人件費コストの圧縮）によって、なんとか当座をしのいでいるような大企業は、いくらでも存在しているではないか。

帝国データバンクによれば、企業の設立から倒産（廃業）までの平均年数を計算してみると、時期にもよるが、ほぼ三〇年超になるという。長いようにも見えるが、これは、個人が生涯働き続ける年数よりも実は短い。〝寄らば大樹の陰〟のように、「正社員」という身分が絶対的に頼りになる時代ではもはやないのである。

◆「個人による自律的なキャリア開発」の時代

これからの個人は、〝組織が自分のキャリアを開発してくれる〟ことを期待しているだけでは、おそらく立ち行かない。〝個人が自己のキャリアを自律的に開発していく〟ことが求められる。そして、それこそは、学校現場でのキャリア教育が、若者たちにぜひとも身につけてほしいと考える、「働くことへの構え」であるはずだ。

そういう時代が到来しているにもかかわらず、これまでのキャリア教育においては、

「正社員」という存在が〝称揚〟されすぎてきたのではなかろうか。

ただし、僕はなにも、ありがちなアントレプレナー（起業家）論や「ノマド」論の言説に乗せられて、若い人は組織になど頼ろうとせず、自ら独立して事業を立ち上げることを考えたほうがよい、などと素朴に思っているわけではない。むしろ個人的には、日本の企業組織が有している人材育成の力には、ほかには代えがたいものがあり、将来の起業をめざすような若者たちこそ、まずは組織のなかでしっかりと働く経験をしたほうがよいと思っている。そこで得た知識やスキルや人脈こそが、将来、彼（彼女）が起業して、新たな事業を展開していく際の「土台」を形成してくれるものだと考えるからである。

ただ、そのことと、正社員に〝安住〟できると〝盲信〟することとは、まったく違う。〝寄らば大樹の陰〟ではないかたちで会社（組織）とのスタンスをどう取るのか。そのことに気づかせ、じっくりと考えさせることは、キャリア教育の重要な課題であろう。

◆頑張れば、正社員になれるのか？

もうひとつ、「正社員モデル」を前提とする流行りのキャリア教育を見ていて、〝危険〟だなと思うことがある。それは、現在の新卒労働市場の状況からすれば、どんなに頑張っても、どんなに努力しても、正社員にはなれない層が一定の割合で存在する——この厳然たる「事実」をどう考えるのかという問題である。

そうした層の若者に対しても、「正社員になりなさい」と言い続けるキャリア教育は、正社員になれなかった若者に対しても、〝あなたの努力が足りなかったからだ〟という「自己責任」論を持ち出すのだろうか。

新卒就職をめぐる状況と、そこで正規の就職からはずれる層が「構造的」に生み出されてしまう現状については、すでに述べたので繰り返さない。ここでは、異なる角度からのデータを見てみよう。

グラフ（表9）は、全国高等学校ＰＴＡ連合会とリクルートが合同で実施した『第四回高校生と保護者の進路に関する意識調査』（二〇〇九年）から、フリーターに関する質

表9　フリーターについてどう思うか

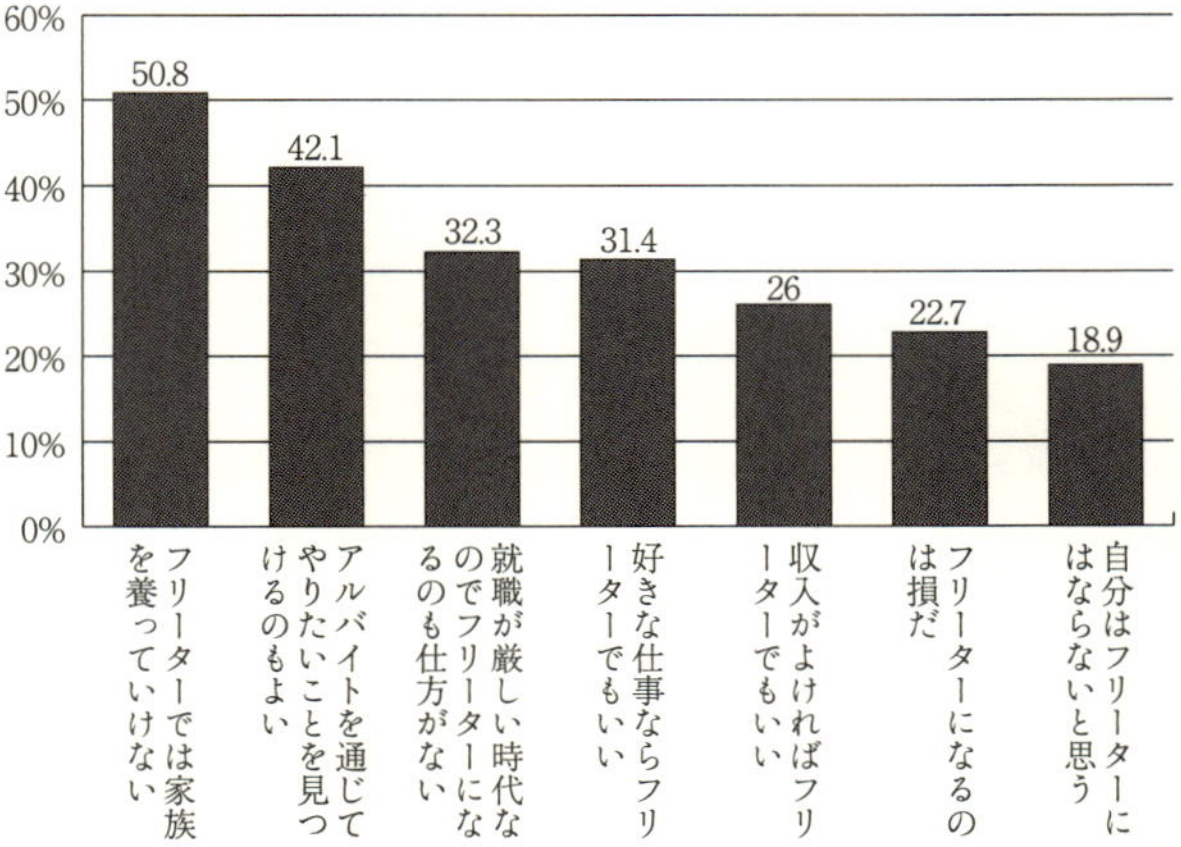

（回答数 1953）

問への高校生の回答を示したものである。さすがに高校生でも、半数は「フリーターでは家族を養えない」という認識を持っている。（逆に言えば、半数は〝フリーターでも何とかなる〟と思っているのだが。）ただ、続く質問である「やりたいことを見つけるのもよい」「仕方がない」「好きな仕事ならフリーターでもいい」等には、三〜四割が肯定している。高校生のなかには、正社員とフリーターの「格差」の授業を受けた者も少なくないであろうが、意外にも彼らの回答は、フリーターを全面否定などしていない。部分的には、同情（共感）的でもある。

なぜなのか？　この秘密を解く鍵は、実は最後の質問にある。「自分はフリーターにはならないと思う」――この質問に肯定的に答える高校生は、約一九％しかいない。逆に言えば、八〇％以上の高校生は、自分だって将来フリーターになるかもしれないと考えている。そうである以上、フリーターを完全に否定することはできず、部分肯定のような〝構え〟になるのである。

◆なぜ「正社員モデル」を捨てられないのか？

繰り返すが、今日の非正規雇用は、若者たちがどれほど努力しようと、どんなキャリア教育を受けていようと、一定のボリュームで「構造的に」生み出される。景気の浮沈により、そのボリュームには幅がありうるが、消滅することはおそらくない。

高校生たちは、学習の結果であるか、直感的な〝見立て〟であるかは別として、こうした若年労働市場の現状を〝わがこと〟として見抜いている。だからこそ、先のアンケートのような回答になる。それに対して、大人たちは、キャリア教育の推進によってフリーターを予防しようなどと〝夢想〟している。これは、かなり〝滑稽《こっけい》な〟風景ではないか。

もうそろそろ、そんなキャリア教育はやめにしたい。

学校が取り組むキャリア教育は、目の前の生徒や学生のうち何割かは、卒業後すぐに、あるいは将来、非正規雇用の形態で働くことになるという「現実」を前提にしたうえで、そのことへの「対応」を含めた教育へと転換すべきである。そうでなければ、目の前の生徒や学生に対して責任が持てない。そもそもキャリア教育の「原点」である、「社会に出ていく準備」をする教育、狭く限定しても「仕事の世界に出ていく準備」をする教育には絶対にならないだろう。

それにしても、こんな、すぐにでもできそうなことに、なぜ取り組めないのか。（実際に、取り組みをはじめている高校や大学があることも承知しているが、それは、――こんな言い方をすることを許していただけば――かなり〝切羽詰まった〟状況にある高校や大学である。一般的な学校・大学は、なかなかそうはならない。）

事情や理由は、いろいろと考えられる。

非正規雇用がこれほど拡大したのは、この二〇年ほどの間の、日本社会にとっても未《み》曾《ぞう》有の事態である。学校や教師の側は、事態の深刻さに気づいてはいても、それをどう教育的な課題として引き受けたらよいのかについては、いまだ考えあぐねている可能性もある。

大学生に対する就職支援を例にとれば、世間では正社員になるための支援に関しては、自己啓発本や就活のマニュアル本が溢《あふ》れかえり、セミナーや講座の類が目白押しである。しかし、「非正規になったら、どうすればよいか」を教示してくれるような本やセミナー等は、ごく例外的にしか存在しない。つまり、教師たちが取り組みたいと考えても、それをサポートしてくれそうな教材などが見つからない。

あるいは、学校の教師たちには「非正規で働く」ということに対する〝生理的な〟アレルギーがあり、自ら育てた生徒や学生には、そうはなって欲しくないと強く願っている。それは明らかに「善意」なのだが、そのことが、〝望ましくない状態〟に対応するような教育に取り組むことを妨げているとも考えられる。

他にもありそうではあるが、しかし、どれも〝ど真ん中〟を突いてはいない。

◆就職実績をめぐる学校間競争

では、何が〝ど真ん中〟の理由なのか。おそらく、以下の点に尽きるのではないか。

① 日本社会では、いまだに「正社員モデル」への〝信仰〟が厚い。
② (就職希望者の多い)高校、そして大学は、そうした「信仰」を利用し、少子化のなかでの〝生き残り〟を賭《か》けて、就職実績をめぐる学校間競争に奔走している。

①は、少なからぬ人々が、いまだに正社員が「安定」しているという「信仰」を捨てておらず、しかも、努力さえすれば誰でもが正社員になれると素朴に信じているという

ことである。特に生徒や学生の保護者の世代にはこうした意識が根強く残っている。それが、実際の就職活動の場面などでは親子間の〝ぎくしゃく〟や〝軋轢《あつれき》〟を生む要因にもなっている。（拙著『「親活」の非ススメ』徳間書店、二〇一三年、をぜひ参照願いたい。）

②は、意識というよりは、競争メカニズムの問題である。長引く不況が背景となって、生徒や保護者の学校選び・大学選びにおいては、〝就職実績がよいか〟〝キャリア教育や就職支援に熱心か〟といった選択基準が有力なものになりつつある。

それはもちろん、学校の知名度や偏差値という基準を〝凌駕《りょうが》〟するものではないだろうが、同ランクの学校（大学）どうしであれば、「より就職支援が手厚く、実績を挙げている学校に」ということが、現実的な判断基準になってきている。そうした選択をサポートする民間教育産業による情報提供も盛んである。

こうした「就職実績競争」のもとにある学校・大学は、「正社員」への就職実績をいかに上げるかという点には血眼になるが、毎年の卒業生のなかに必ず含まれているはずの「非正規雇用」層のための支援に努力を傾注している余裕はない。

「うちの高校（大学）では、非正規雇用になっていく生徒（学生）に対するキャリア支援が充実しています！」などと宣伝したところで、生徒（学生）確保の好材料となるようなことは、ほぼ間違いなくないだろう。むしろ、マイナスの効果を生むだけである。

◆どうすれば「正社員モデル」を脱することができるか

理由はわかったとして、では、どうすれば、卒業後に非正規雇用に就くような生徒（学生）にも届くキャリア教育に転換できるのか。

本当は、高校や大学の教職員による内部からの改革努力に期待したい、と言いたいところであるが、簡単なことではないだろう。構造的なメカニズムにはめ込まれ、動かされてしまっている人に対しては、「自分たちの意志で何とかしなさい」と要求したところで、各人に対して過剰な「負荷」をかけることにもなりかねない。もちろん、できるところからの内部努力には、全力で取り組んでほしいと思っているのだが。

それよりも、身も蓋もない話になってしまうが、先のメカニズムは、①（社会全体の正社員「信仰」）があるからこそ、②のように学校側が動くという〝構図〟になっている。そうであれば、答えはこれしかない。――①をなくせばよい。（戦後日本社会に根づいた「正社員」信仰の脱「神話」化！）

生徒も保護者も、とってつけたような「正社員」就職への支援ぶりをアピールする高校や大学にはそっぽを向いて、「残念ながら、全員が正社員として就職できるわけではありません。しかし、そうなった時への準備教育と、卒業後のフォローについては充実した支援体制を組んでいます」という学校を支持すればよいのである。

高校も大学も、慌ててその姿勢を転換させるだろう。

◆「非正規雇用」を見すえた、どんなキャリア教育が必要か

話が少々「夢」みたいになってしまったので、肝心のところに戻そう。

少なくない若者は、学校卒業後、非正規雇用の形態で働きはじめる。そうした事実を踏まえて、在学中に取り組まれるべきキャリア教育とは、いったいどんな内容になるのだろうか。

結論的に言ってしまうと、僕が必要であると考えるのは、以下のような内容についての学習である。

①「非正規」での働き方の多様な形態、それぞれのメリット・デメリット等についての学習
②次のステップ（例えば、正社員への転換）への見通しの立て方の学習
③公的な職業訓練や求職者支援などについての情報提供
④労働法についての学習、相談・支援機関についての情報提供
⑤同じプロセスを歩むことになる者どうしの仲間づくり

まず、①であるが、同じく非正規雇用といっても、その働き方は、コンビニやファミレスなどで（シフトを組んで）働く時間給のアルバイトから、工場や事業所などでの有期雇用の契約社員や派遣社員、さらには事業主に補助金が支給される「トライアル雇用」のようなものまで多様に存在している。

それぞれに働き方の自由さや雇用の（限定期間内での）「安定性」などに違いがあるが、ここで押さえておきたいのが、②の観点である。

仮に非正規で働くのだとしても、その仕事を続けるなかで、仕事上の知識やスキルの向上を見込めるのか、それとも単純作業を繰り返す仕事で、いずれは〝使い捨て〟にされてしまう（あるいは、自ら嫌になって辞めてしまう）のかでは、その後の「世界」はまるで異なってくる。

前者であれば、その後に正社員への転換を見込むことも可能になるし、非正規からの「正社員登用」の制度を持っている企業も多く存在している。しかし、後者のような仕事を、短期間で職場を転々としつつ続けていても、正社員への転換のチャンスはなかなか巡ってこない。

もちろん、正社員になることだけが、「次のステップ」であるわけではない。ある程度の専門性のある仕事であれば、非正規ではあっても、比較的労働条件のよい職場も存在している。個人が抱えている、あるいは家庭の事情などによっては、当面は正社員で働くことが難しいという場合もあるだろう。その意味で、〝よりよい〟非正規をめざすという選択もありうるわけだが、その場合でもモノを言うのは、やはり本人が有している仕事上の知識やスキル、そして経験である。

もともと中小企業などでは、採用意欲はあっても、新卒で一から育てる余裕がないため、「中途採用」が大原則という優良な会社も少なくない。正規か非正規かを問わず、卒業後にそうした会社と出会えるためにも、ただ漫然と単純作業のアルバイトを続けるようなことは避けたほうがよい。

◆非正規雇用者に「防備」を

今まで述べてきたようなことをきちんと認識したうえで、学校卒業後に非正規雇用の世界に入っていくのか、それとも何の予備知識もなくそうするのかでは、その後のキャリアの展望が大きく違ってくる。

これまでのキャリア教育の主流は、正社員としての就職支援にはきわめて熱心であったが、非正規雇用の世界に入っていく者のことは、基本的には「脇《わき》」に置いてきた。本来〝あるべきではない存在〟として扱ってきたと言ってもよい。

そうだとすれば、それは結局、過酷な労働市場の現実に、若者たちの一部をまさに〝裸のまま〟送り出してきたのも同然である。せめていくばくかの「防備」を固めさせたうえで、社会の現実に漕ぎ出て行けるようにするのが、キャリア教育の役割であろう。

そうした「防備」として、仕事上の知識やスキルをどこで、どう身につけるかについての見通しが大切であることは、すでに述べた。その際には、非正規で働きながらスキルアップを目指していくという道もあるが、③のように、職業資格の取得をめざしたり、公的な職業訓練を利用したりすることも十分にありうる選択肢である。

測ることの難しい実務上のスキルや経験よりも、公的な職業資格を獲得したほうが、「次のステップ」への道を開きやすいということもある。また、国が展開している近年の求職者支援の制度においては、生活給付を受けながら職業訓練に従事することも可能になっている。こうした職業訓練の機会は、当事者がそれを知らなければ、そもそも利用されない。せっかく制度が充実していても、それが効果的に活用されなければ何の意味もないのである。在学中のキャリア教育においては、こうした制度や相談窓口の存在についても十分な情報提供とガイダンスがなされてしかるべきであろう。

◆理不尽には「武器」を

非正規で働きはじめる若者たちには、せめてもの「防備」を固めてほしい。しかし、「ブラック企業」は言うに及ばず、名の知れた大企業でさえも非正規雇用の者に対しては〝理不尽〟としかいいようのない処遇を迫ってくることがある。

こうした事態に対処しうるためには、④にあるように、これから社会に出ていく若者たちには、身を守るための「武器」を身につけてほしい。彼らが在学中にそれなりに〝骨太の〟労働法についての教育を受けることは、そのための基礎的条件である。

労働者の権利や働く場のルールについて的確に理解しておくことは、非正規で働くことになる若者だけではなく、正社員になる者にも等しく役立つ。しかし、非正規雇用の職場であれば、労働法の存在意義がただちに〝現実味〟を帯び、働く者が使用者の側の〝理不尽〟な振る舞いに「抵抗」するための武器となるケースもあるだろう。

もちろん、労働者の権利や労働法についての知識は、ただそれを知っているだけでは意味がなく、役立たないことが往々にしてある。だから、学校における労働法教育では、労働法についての知識が可能な限り〝生きた知〟になるような工夫が必要である。高校生のアルバイト体験を切り口にする、事例や判例などを活用する、労働組合の関係者、労働訴訟の当事者や支援者をゲストに呼んでくる、といった豊かな実践例も積み上げられてはいるが、それでも「完璧《かんぺき》」というわけにはいかないだろう。

そこで、在学中には知識を中心とした学習にならざるをえないとしても、卒業後に実際にそうした目に遭った時には、これこれの相談・支援機関、NPO等に頼ることができるという点についての情報提供は欠かせないものとなろう。

＊高校や大学時代には「労働法」なんて教わった記憶がないし、そもそも何も知らないという若い人もいるかもしれない。しかし、近年ではわかりやすくハンディな解説をしてくれる実践的な入門書も登場しているので、ぜひ参照していただきたい。

・笹山尚人『労働法はぼくらの味方！』岩波ジュニア新書、二〇〇九年

・橋口昌治ほか編『〈働く〉ときの完全装備』解放出版社、二〇一〇年

・道幸哲也『教室で学ぶワークルール』旬報社、二〇一二年

＊また、若者にはさらに馴染みがないかもしれないが、労働組合の役割について理解していることも、この文脈では非常に有益である。以下の本を参考にしてほしい。

・宮里邦雄（監修）『イラストでわかる 知らないと損する労働組合活用法』東洋経済新報社、二〇一〇年

・木下武男『若者の逆襲――ワーキングプアからユニオンへ』旬報社、二〇一二年

◆困難に向き合うことを支える仲間の存在

最後に、⑤。これは、キャリア教育の課題であるというよりは、学校教育全体を通じた教育課題でもある。

学校卒業後、さまざまな困難を背負い、人によっては非正規雇用の職場も含めて「職」を転々としながらも、それでもぎりぎり「第二標準」の世界を生き抜いている若者たちがいる。「第二標準」とは、高度成長期以来の日本社会の「標準」であった、〝右肩上がりの〟終身雇用・年功序列型賃金の世界ではなく、生活維持ラインぎりぎりで非

正規雇用の世界をわたっていく者たちの生活様式を指している（中西新太郎ほか編『ノンエリート青年の社会空間』大月書店、二〇〇九年）。

こうした若者たちの卒業後のキャリアの歩みを追跡した調査によれば、彼らの「その後」、ぎりぎりの状態になっても、それでも何とか「次」につないでいくような生活と労働を支えていたものの一つに、在学時代からの仲間の存在があったという（乾彰夫『〈学校から仕事へ〉の変容と若者たち』青木書店、二〇一〇年）。

確かに、人は収入や稼ぎだけで生きていく存在ではない。金銭面での困難がクリアできたとしても、いとも簡単に〝心が折れてしまう〟生き物でもある。ましてや困難や不遇に直面した時、たった一人でその状況に立ち向かうことは本当に難しい。

非正規雇用からワークキャリアを出発させるのだとしても、その後のステップへの道を「伴走」してくれる、支え・支えられる仲間関係の土台を学校時代に築くことができれば、キャリア形成という観点からも、これほど頼りになるものはないだろう。

◆僕からの提案

正規雇用と非正規雇用。この二つしか働き方がないような現在の日本の雇用構造は、もともと〝いびつ〟なものである。しかも今では、正規雇用の「盤石さ」は揺らぎつつあり、非正規雇用の「サステナビリティ（持続可能性）のなさ」は放置されたままである。

この節で論じてきたような問題は、本来、正規と非正規とに二極化してしまっている現在の雇用形態のあいだに、いかに多様な働き方を創っていくのか（しかも、「均等処遇」の原則に基づいて）という、社会全体で引き受けるべき課題に通じている。

しかし、ここでは、制度や法律の変更にもかかわるそうした課題については、あえて論じてこなかった。それが不必要だからではない。必要なことなのだが、今まさに社会に出て行こうとしている若者たちには間に合わないからである。

これから社会に漕ぎ出ていく若い人たちには、学校や大学を卒業した時点で正社員になれたかどうかで、「妙な安心感」を持ってしまったり、逆に自分を「見限って」しまったりしないでほしい。正社員になれたとしても、いつ転機がおとずれ、躓《つまず》くことになるかはわからない。非正規雇用から出発したとしても、その後の転換が不可能なわけではない。

重要なのは、いつ訪れるのかはわからない「いざという時」を意識し、しっかりと"腹をくくる"ことである。そのためには、ふだんから自分を磨いておくこと、頼りになるネットワークを築いておくことが、結局のところ有益な「セーフティネット」になるだろう。

エピローグ　転換期を生きるということ

ここでは最後に、これまでとは少し趣きを変えて、これから社会に漕《こ》ぎ出ていこうとする若者たち（主として、高校生や大学生）に向けて、僕からのメッセージを記しておきたい。「君たちは……」みたいな書き方になるので、書く側としても少々〝面はゆい〟感じでいっぱいなのだが、辛抱してお付き合いいただければ幸いである。

◆「転換期」にある日本社会

いま日本社会は、明らかに「転換期」を迎えている。

敗戦後の混乱から復興にかけての時期も、ある意味では歴史的な転換期であった。しかし、その後、戦後復興を経て一九六〇年代の高度経済成長期に至る。その頃から八〇年代末にかけての時期は、ひとつのまとまった「同時代」と考えることができる。その時期の日本社会を「戦後型社会システム」と呼ぶとすれば、一九九〇年代以降は、そうした「戦後型社会システム」がガラガラと崩れはじめた時代に当たる。

そして、そこからすでに二〇年以上が経過している。「戦後型社会システム」が崩れるスピードは、ますます加速している。しかし、いまだ新たな「社会」が立ち上がっているわけではない。「新しい社会」像について、誰《だれ》もが一致するイメージが存在しているわけでもない。

だからこそ、現在の日本では「キャリア」という言葉に脚光が集まっている。日本人のワークキャリアもライフキャリアも従来とは様変わりし、同時に多様化している。高校や大学を卒業すれば、ほとんどの者が正社員として就職していく、三〇歳前後にもなれば、だいたいみんな結婚していく、といった社会的な「標準」が成立しなくなった。転換期とは、かつての古い「標準」は崩れているが、新しい「標準」はいまだ生まれていない時期のことである。

◆自分の人生を引き受ける責任

以上のことを考えれば、今なぜ「キャリア教育」が求められるのかは、よく理解できるはずだ。「標準」が成立しておらず、慣行や制度、組織に頼りきって生きていくわけにはいかない以上、個人には自らの人生を責任を持って引き受け、自己のキャリアにかかわる判断や選択・決定をしていくチカラが求められるからである。

僕は「自己責任」という言葉が好きではない。すべてを「自己責任」に還元してしまうような議論は、〝野蛮すぎる〟とさえ考えている。しかし、それでもあえて言えば、自らのキャリアにかかわる事柄については、個人が〝ある程度までの〟責任を引き受けることが必要である。

もちろん、人はたった一人、独力で生きていくわけではない。他者と協力・協働しなくてはできないことは山ほどある。他人に助けられたり、逆にこちらが助けたりすること、誰かから支援してもらったり、逆にこちらが支援することも多い。

そうした意味で、自分から「ヘルプ」の声を発することができ、他者からの「ヘルプ」の声に耳を傾けることができることも大切である。「自立」とは、人に援助を求めないことではなく、他者との相互の「支えあいの関係」のなかに上手に入っていくことにほかならない。

ただ、こうした点をすべて認めたうえで、それでも残るのが個人の「責任」の領域なのではないか。そして、「標準」が崩壊しつつある転換期においては、この「責任」の領域は、以前とは比べられないくらい広がっている。

◆不幸な時代に生まれた？

さて、若い人たちに言っておかなくてはいけないことがある。

「転換期」、「標準」の崩壊、新たな「標準」の未確立、「キャリア」への注目、自己のキャリア形成への「責任」……。君たちが漕ぎ出ていくのは、まさにこうしたキーワードが跋扈《ばっこ》する「社会」であり、「時代」である。

そのことをどう感じ、どう受けとめているだろうか？

ひょっとすると、「大変な時代に生まれてきてしまった」「もっと早く生まれていれば良かった」などと思っているのかもしれない。

確かに、「転換期」における社会の変化は、すべての世代に等しく襲いかかるわけではない。すでに社会の中で何がしかのポジションを得ている年配の世代にも、変化の影響はもちろん及ぶ。しかし、それは若い世代に及ぼされる影響の比ではない。社会の中でいまだ何も〝持っていない〟存在（＝若い世代）にこそ、変化の爪痕《つめあと》は深く深く刻み込まれる。

わかりやすい例を出せば、「就職」であろうか。業績が低迷している会社が、人件費コストを削減したいと考えたとしよう。その場合、すでに正社員として雇用している人を解雇することは、不可能ではないが、そう簡単なことではない。しかし、新入社員の採用を手控えることは、いとも簡単である。何かが変わろうとするときでも、それが革命や戦争でもない限りは、「既得権」には手を付けにくい。しかし、新規参入を制限するのはたやすい。それが〝世の常〟というものであろう。

そういう意味で、はっきりと言おう。

君たちは、本当に〝大変な〟時代に生まれてきた！

◆危機のなかにはチャンスも宿る

ただし、それは確かに「真理」なのだが、それでも半面の真理でしかない。若い人たちが漕ぎ出ていく現在の日本社会は、実際「危機」や「リスク」や「困難」に満ちあふれている。しかし、そうした危機やリスクや困難の中には、同時に新たな「希望」や「チャンス」も宿っている。

「ピンチのなかにチャンスあり」とは、よく言ったものだ。

例えば、僕たちの世代は、高校・大学を卒業した後のキャリア選択において、僕たちよりも前の世代が敷いてきたレールのうえのどこかの選択肢に〝乗る〟ことが普通だった。社会的な「標準」が成立しているというのは、そういうことであるし、実際にそれ以外の選択をしようとすれば、親との関係でも世間的な〝風当たり〟でも、相当な軋轢《あつれき》を覚悟する必要があった。同世代の友人たちからも、かなりの「変人」扱いをされる覚悟が必要だった。

しかし、今ではそんなことは一切ない。職業選択においても、結婚や子どもを持つかどうか、居住地、趣味といったライフスタイルの選択においても、はるかに自由度が増している。

それは、「可能性」ということに通じている。自分さえしっかりしていて、自分がどう生きていきたいかという「軸」が存在していれば、それを実現できる可能性は以前よりもはるかに広がっている。そういう意味で、君たちにとっての〝大変〟な時代は、同時に〝可能性に開かれた〟時代でもある。

◆時代と社会に漕ぎ出ていくために

こんな時代と社会に漕ぎ出ていくために、いったい何が求められるのだろうか。

僕自身は、かなりシンプルに考えている。必要なことを挙げていけば、もちろんいくらでもあるのだが、絞りに絞って「これだけは」というポイントを取り出せば、二つになる。

① 学校卒業後も、生涯学び続けていく姿勢（「学び習慣」）を身につけること
② 就職できたら終わりではなく、自分の人生を引き受けていく「キャリアデザイン」のマインドを持って行動すること

なんだ、と思われてしまうかもしれない。とりわけて難しいことや意表を突いたことを言っているつもりもない。しかし、これが王道ではないか。

①は、いわゆる「生涯学習」の理念と重なる。社会の変化が激しく、仕事のうえで求められる知識やスキルも絶えず更新されていく、しかも、個人の生き方も多様化していく社会においては、つねに新たな環境に合わせて、学びや学び直しをしていかなければ、個人は環境に適応し、主体的に生きていくことはできない。

「生涯学習」と言うと、日本ではカルチャーセンターの講座のようなものが思い浮かべられ、「余暇」や「教養」といった言葉を連想させるかもしれない。しかし、世界の（少

なくとも先進諸国の）〝常識〟では、生涯学習の主要な舞台は「職業能力開発」である。

ワークキャリアのどの時点においても、必要があれば職業能力開発に取り組んでいく。——これが、今後のトレンドである。従来の日本においては、「生涯職業能力開発」は、ほぼ「企業内教育」のなかに埋め込まれてきた。今後においては、そうした営みの少なくない部分が、「外部化」（アウトソーシング）されていくであろう。そもそも、ワークキャリアの最初から、企業内教育の中に入り込めない者も多数存在している。

企業の内・外を問わず、働き続けていくためには、職業能力開発に取り組み続けていくことが必要となる。それに向けて、在学中に「自ら学ぶ姿勢」（学び習慣）を獲得しておくこと、「学び方」を学んでおくことは、これからの時代を生き抜いていくための必須アイテムとなるだろう。

◆「銀行型」から「料理教室型」へ

ついでに言えば、こんな時代には、若い君たちが学校に在学している間にぜひとも身につけておくべきチカラの内容も変化している。

端的に言えば、「銀行型」の学習で獲得する能力から、「料理教室型」の学びで身につける能力への変化である。唐突な比喩《ひゆ》に聞こえるかもしれないが、二〇世紀を代表する教育思想家の一人であるパウロ・フレイレの「銀行型教育」から「課題提起教育へ」という主張を踏まえ、僕なりになぞらえている（フレイレ『被抑圧者の教育学』三砂ちづる訳、亜紀書房、二〇一一年）。

要するに、従来の学校においては、生徒は「銀行型」の学習を行っていた。知識やスキルを学んで、それを〝預金〟のように貯めこんでおく。卒業後には、そうして預金しておいた知識やスキルを引き出しながら、仕事や人生を送っていくのである。このモデルにおいては、学習は基本的には学校卒業の時点で終了する。

しかし、変化の激しい今日の社会では、学校時代に〝預金〟した知識やスキルだけでその後の仕事や人生を乗り切っていくことはできない。生涯、知識やスキルの修得を続けていく必要がある。

そうした時代に求められる在学時の学びが、「料理教室型」の学習である。料理教室

あっち
こっち
こっち
私は
こっち
がんばろう!
僕は
あっち
OK!!

では、知識としてもスキルとしても、料理の「いろは」は教えてもらうけれども、その後自分が作ることになるすべてのレシピを習うわけではない。修得するのは、料理の仕方である。

しかし、それさえ修得すれば、生涯いつでも、料理番組や料理本のレシピを参考にしたりしながら、自分で料理を作れるようになる。しかも、料理教室で学んだやり方を忠実に守るのは、おそらく初期の段階だけである。その後は、誰もが自分なりの料理法や味付けなどを創意工夫していき、自分なりの環境に合わせていく。「銀行型」の学習よりもはるかに自由度が高く、応用範囲も広い。

◆学び方を学ぶ

これから社会に出て行く君たちが学校時代に実践すべきなのは、こうした「料理教室型」の学びである。

もちろん学校には、君たちが学んでほしい「基本レシピ」（各教科や特別活動などの教育課程）が用意されている。これらは、きっちりと修得する必要がある。しかし、基本レシピを通じて得た知識やスキルだけで、君たちが卒業後の仕事や生活をすべてやり繰りできるわけではない。

だから、基本レシピの修得を通じて、「学び方」を学ぶこと。自分で学ぶ習慣を身につけること。これが、決定的に重要なのである。

大学で学生たちを見ていて思うのは、受験勉強を通じて獲得したような知識は、いとも簡単に剝《は》げ落ちていくという事実である。これは、僕自身の経験でもあるが、かなり〝無惨〟なものである。

しかし、その受験勉強を通じてでも、自ら学ぶ習慣や学び方を身につけてきた学生は、大学での学習に慣れてくると、ぐんぐんと力を伸ばしていく。必要なのは、事前に蓄えた知識ではない。自分から知識やスキルを獲得していくチカラである。

同じことは、職業生活や人生という〝学び舎〟でも通じることであろう。

◆「キャリアデザイン」のマインド

「こんな時代と社会に漕ぎ出ていくために」求められるもうひとつが、②の「キャリアデザイン」のマインドである。

自らの将来の働き方・生き方は、自分で設計し、必要があるたびに再設計、再々設計していく。そうした自分のキャリアのプロセス全体を引き受けていく〝覚悟〟が必要である。

なぜ、そんなマインドが求められるのかについては、この本の読者にはもはや説明の必要はないだろう。組織が個人のキャリアを開発してくれる時代が過ぎ去りつつある以上、とりわけこれから働きはじめる若い世代の君たちにとっては、キャリアは自らが自律的に開発していくものである。

「学び方」を獲得していれば、社会の環境変化に適応していく準備になる。しかし、やみくもにあらゆることを学ぶわけにはいかない。君たちがどう生き、どう働いていくのかという「軸」に沿った学びが展開されてこそ意味がある。

それは、環境変化への対応を、ただの受動的な適応ではなく、能動的な、主体的な適応へと導いてくれる。そうした「軸」を見つけたり、設定し直したりするということをつねに「意識化」しておく必要があるのである。

◆キャリアデザインをどう実践する?

おそらく、ここまではいいだろう。

君たちが聞きたいのは、実はこの先のことなのではないか。つまり、ではどうやって、キャリアデザインのマインドを身につけ、どう実践していけばよいのか、と。

この点については、ひと言で答えてしまおう。――この本で書いてきたことに、もう一度目を通してほしい、と。

この本が考察の対象としたのは、言うまでもなく「キャリア教育」である。キャリア教育とは、ここでの文脈に即して言い直せば、若い世代が自らのキャリアデザインの主体となることを支援する(そのための準備をする)教育のことである。

第1章では、「キャリア教育とは何か」ということや、キャリア教育が登場した背景について解説した。ここは、そのまま読んでもらえばよい。「教育」する側からの書き方になっているが、「学習」する側から読んでも同じことが言えるはずである。時代認識を鍛えてほしい。

第2章は、流行りの「俗流キャリア教育」の「ウソ」について書いている。ここは、〝ひっくり返して〟読んでほしい。俗流のキャリア教育の考え方の「落とし穴」にはまらずに、むしろこういう点こそが大事なのだ、というエッセンスをつかみとってもらいたい。

要は、そうやって自分で考えてみればよい。むやみに屋上屋を重ねて、懇切丁寧に解説するようなことは控えたい。そんなことをしても、君たちの「依存心」を強化してしまうだけで、「自ら学ぶ力」などつくはずがないのだから。

◆「未来マップ」と「羅針盤」と

最後に、ひとつだけ。

君たちの目の前に「未来マップ」というものが存在するとしよう。しかし、その地図は、頼りなく透き通ったような印紙で、うっすらとした地形しか書き込まれていない。現時点でも想定しうる「将来」がないわけではないから、その地図は白紙ではない。しかし、それを頼りに旅に出ようとするには、いかにも心もとない代物である。基本的な情報が不足している。

それでも、君たちがこれから旅立っていくのは、こんな「未来マップ」の世界なのだ。見通しなんて立たないし、どこに〝落とし穴〟が待ち構えているかもわからない。だったら、旅に出るにあたっては「羅針盤」を持とう。君たちが、いま流行りのキャリア教育に踊らされてしまうのではなく、自分なりの判断基準でキャリアデザインのマインドを磨いていけば、それは自分にとってきわめて有益な「羅針盤」になるだろう。

「未来マップ」には、頼りになる鉄道の路線も幹線道路も書き込まれていないかもしれない。しかし、「羅針盤」があれば、自分が今どこにいるのかを確かめることができる。これから進んでいく方向をつかむことができる。道を間違えたら、あらためて別の道を辿《たど》り直す手がかりにもなってくれる。そして、線路や道路なんて、自分で書き込んででしまってもいいわけだ。

「羅針盤」は、自分の生き方の「軸」である。自分のなかでじっくりと育て、磨きあげていってほしい。

あとがき

本を書くときには、たいていタイトルを決めてから書きはじめる。しかし、その本が実際に出版される時には、十中八九、最初に決めたタイトルとは異なるものになっていく。

出版社の側の（とりわけ営業サイドの）意向が働くからであろうと理解（覚悟？）しているが、不思議なことに、いったん決まってしまうと、自分の感覚としてもそちらのタイトルの方に馴染《なじ》んでいくのである。あたかも最初からそのタイトルで書きはじめたかのように。

そういう意味で、最初に付けるタイトルは、〝仮決定〟であるという意識が強い。しかし、今回の「キャリア教育のウソ」だけは、少し事情がちがった。もちろん、今はまだ「あとがき」を書いている段階なので、最終的な刊行の際には違うタイトルになっているかもしれない。その可能性は拭《ぬぐ》えない（笑）。
しかし、それでも事情が異なっているというのは、僕の頭の中のことである。〝仮決定〟であってもよいはずの「キャリア教育のウソ」が、執筆中、いっときも僕の頭から離れることがなかった。だから、本の章立てはおろか、内容や書き方に至るまで、その思いに引きずられることになった。

それはそれで、そういう書き方があってよいと思うし、むしろそちらの方が本来のあり方なのかもしれない。しかし、少なくとも僕にとっては初めての経験である。そのことが、本書の内容のブラッシュアップという点で、功を奏しているのか、それとも逆効果になっているのかは、読者のみなさんの判断に任せたい。

二〇〇七年に『権利としてのキャリア教育』（明石書店）を書いた。本書の内容は、これと重なるところもあるし、〝続編〟的な位置づけとなる部分もある。しかし、その後、ずいぶんと月日が流れた。これは、僕自身も驚いているのだが、同じような内容を論じようとしても、僕の〝立ち位置〟やスタンスは、多少とも変化してきている。自分なりの思索が深まった結果としての変化＝「深化」であると信じたいところだが、そればかりではなかろう。教育現場におけるキャリア教育への取り組みが、当時と比較すれば、ずいぶんと広がったということもあるし、リーマンショック後の雇用情勢を中心とする社会変化が、僕の考え方にますますドライブをかけたということもあろう。

さらに言えば、「キャリア教育のウソ」という〝物の見方〟をかなり強く意識していたこともあるかもしれない。

いずれにしても、それはそれで、この本の独特の〝味付け〟になっていると信じたい。少々、牽強付会《けんきょうふかい》にすぎるとも思うけれど。

この日本社会の変化と同様に、近年では教育現場の変化のスピードもめっぽう速くなってきた。その意味では、この本で批判的に言及したような学校や大学の「現実」は、数年後にはもう古くなっているかもしれない。しかし、それは、前向きなこととして受け止めたい。

この本も少しは役に立って、教育現場におけるキャリア教育の状況が少しでもよい方向に変わるのなら、著者としてもこれほど嬉しいことはない。そうした意味で、本書が早く〝時代遅れ〟になることを心から願っている。

最後になってしまったが、この本が誕生するきっかけは、筑摩書房編集部の金子千里さんにお声をかけていただいたことに端を発する。他にも仕事はたまっていたのだけれど、熱心な勧誘にほだされて、お引き受けすることにした。途中、投げ出してしまいたいと思うような時期も、正直なかったわけではないが、今では最後までやり通すことができて、本当に良かったと思っている。草稿の段階で適切な指摘や〝ダメ出し〟をいただいたおかげで、少しは読みやすい本になったかもしれない。この点についても重ねてお礼申し上げたい。

また、出版事情の厳しき折、このような貴重な機会を与えて下さった筑摩書房には、心からの感謝の気持ちをお伝えしたいと思う。

二〇一三年四月末

児美川孝一郎

参考文献

朝日新聞「ロストジェネレーション」取材班『ロストジェネレーション――さまよう二〇〇〇万人』朝日新聞社、二〇〇七年
アルビン・トフラー『第三の波』鈴木健次ほか訳、日本放送出版協会、一九八〇年
乾彰夫『〈学校から仕事へ〉の変容と若者たち』青木書店、二〇一〇年
キャリア教育の推進に関する総合的調査研究協力者会議（報告書）『児童・生徒一人一人の勤労観、職業観を育てるために』二〇〇四年
クランボルツ『その幸運は偶然ではないんです！』花田光世ほか訳、ダイヤモンド社、二〇〇五年
厚生労働省「新規学校卒業者の就職離職状況調査」各年度
国立教育政策研究所生徒指導・進路指導研究センター「平成二三年度職場体験・インターンシップ実施状況等調査」二〇一二年
児美川孝一郎「フリーター・ニートとは誰か」、佐藤洋作ほか編『ニート・フリーターと学力』明石書店、二〇〇五年
『権利としてのキャリア教育』明石書店、二〇〇七年
『若者はなぜ「就職」できなくなったのか』日本図書センター、二〇一一年
『「親活」の非ススメ――〝親というキャリア〟の危うさ』徳間書店、二〇一三年
千石保『「まじめ」の崩壊』サイマル出版会、一九九一年

全国高等学校PTA連合会・リクルート『第四回高校生と保護者の進路に関する意識調査』二〇〇九年
総務省「労働力調査」各年度
ダニエル・ベル『脱工業社会の到来』内田忠夫ほか訳、ダイヤモンド社、一九七五年
中央教育審議会「初等中等教育と高等教育との接続の改善について（答申）」一九九九年
「今後における キャリア教育・職業教育の在り方について（答申）」二〇一一年
道幸哲也『教室で学ぶワークルール』旬報社、二〇一二年
所由紀『偶キャリ。――「偶然」からキャリアをつくった10人』経済界、二〇〇五年
内閣府「若年無業者に関する調査（中間報告）」二〇〇四年
中西新太郎ほか編『ノンエリート青年の社会空間』大月書店、二〇〇九年
フレイレ『被抑圧者の教育学』三砂ちづる訳、亜紀書房、二〇一一年
ベネッセ教育開発研究開発センター「第二回子ども生活実態基本調査」二〇〇九年
村上龍『13歳のハローワーク』幻冬舎、二〇〇三年
『新・13歳のハローワーク』幻冬舎、二〇一〇年
文部科学省「学校基本調査」各年度
「新キャリア教育プラン」二〇〇四年
『中学校職場体験ガイド』二〇〇五年
「高等学校学習指導要領」二〇〇九年

労働政策研究・研修機構『学校時代のキャリア教育と若者の職業生活』二〇一〇年
若者自立・挑戦戦略会議「若者自立・挑戦プラン」二〇〇三年
渡辺三枝子編著『新版・キャリアの心理学』ナカニシヤ出版、二〇〇七年

イラストレーション　斎藤ひろこ（ヒロヒロスタジオ）

chikuma primer shinsho

ちくまプリマー新書197

キャリア教育《きょういく》のウソ

二〇一三年六月　十　日　初版第一刷発行
二〇二四年十月二十五日　初版第十三刷発行

著者　児美川孝一郎（こみかわ・こういちろう）

装幀　クラフト・エヴィング商會

発行者　増田健史

発行所　株式会社筑摩書房
東京都台東区蔵前二-五-三　〒一一一-八七五五
電話番号　〇三-五六八七-二六〇一（代表）

印刷・製本　中央精版印刷株式会社

ISBN978-4-480-68899-6 C0230 Printed in Japan